CW00456312

CONTENTS

Sudoku Rules:

The objective is to fill the 9×9 grid with digits so that:

1. Numbers 1 to 9 may only appear once in each SQUARE.
2. Numbers 1 to 9 may only appear once in each LINE
3. Numbers 1 to 9 may only appear once in each COLUMN.

Word Search Rules:

The objective of this puzzle is to find and mark all the words hidden inside the box. The words may be placed horizontally, vertically, or diagonally.

Number Search Rules:

The objective of this puzzle is to find and mark all the number strings hidden inside the box. The number strings may be placed horizontally, vertically, or diagonally.

Word Scramble Rules:

Look carefully at the jumbled words and try unscrambling as many of the anagrams as you can into real words. The jumbled words often have a theme which is dictacted by each title.

Word Puzzle Rules:

The aim is to find as many words as you can in the grid within 4 minutes, whilst adhering to the following rules
- The letters must be adjoining in a 'chain'. (Letters in the chain may be adjacent horizontally, vertically, or diagonally).
- Each word must contain at least three letters.
- No letter 'box' may be used more than once within a single word.

SUDOKU PUZZLES

SUDOKU - 1

6		8		9		4	5	
9	5		1		4	8		
2	3					9		
	2	6		1	3		8	4
4	8		5					
7			4	2		5	6	
	4	5					9	
	6		8	4		2		
8		2				3	4	

SUDOKU - 2

1				9			3	
3			8			5	4	2
		5		4				9
	6				3	2		
5		2	4					3
4		3		2			5	7
9	5			3	8	4		1
2	4		9	6		3	8	5
8		1		7	4			6

SUDOKU - 3

			8	5	1	7	4	
				4	2	9		8
		1	6			3		5
7	6	1		3				2
8	2	5	1			6		9
9		3	2	8	6		5	
5			9			8		
		6	4		8			
				6				3

SUDOKU - 4

		2		6	3	8		4
6	1	4	8	2		5		7
			5	4				
4		1		5				6
	5	3						
8		9			1	3		
		6	7	1	5		8	
2			9		6		4	5
1				4			6	3

SUDOKU - 5

				4				
			8	1		5	9	
9	4	2		5				3
	6	4	2	3				7
2		5	9	6		3		8
	8	9		7		2	1	6
7	9	8	5	2			3	
		7				6		9
	2				3			

SUDOKU - 6

3	6			9	4		2	
				7				
9	7		3		6	1		
	2		1		8	4	9	
			7	2			1	
5	1		4	6				8
7		5			1	6	3	
		8		3	9		5	1
1	3						8	4

SUDOKU - 7

		9	2	3	6	4	8	
	3	2	1		7			5
		6		9	4	3	2	1
5	4		7					
					3	8		9
	9						5	4
8	7					1	9	
9		5						3
6		3		4	2	5		

SUDOKU - 8

8				4			5	
4	3	9		2		1	6	8
7			6	3		4		2
			9	1			8	
1		4	8			5	3	
			3		7	2		4
	4				1			3
5		7				6		
	1		4		6	8	2	

SUDOKU - 9

				5	2	6		
6	2		9	1			7	4
5		1	6	4	7	8	2	
4			1	8				6
		9	5	2	4	1		
	1				9	2	4	5
9	8			7				
	7						5	1
1				5				

SUDOKU - 10

2			8		4		3	7
8			5			6		
4			2			8		1
	9	1	6		8			5
			7	2		3		9
3		2	9		1			8
	2		3	5		1		4
	6				2		9	3
5				9				6

SUDOKU - 11

		9		2			4	6
		6	1		5	7	2	
7	2					3	8	
	3	1			2			
9		2		8		6	3	
5		8	3				9	
2		3		5	7			
8	6			1		9	5	
	5			9			6	7

SUDOKU - 12

		7	1				8	9
	1				7	6		4
	6	4	5	8	9	2	7	1
	9			3			1	7
		3			5			
	7	2				8	9	3
	2						4	5
		5	9		8			
9	3			5		7	6	

SUDOKU - 13

		7		4		9		
4	3		1			2		5
	6		7		5		1	3
		1	2		8			9
8						3		
	5	9		6	1	8		7
	4	6		5	3		9	
7				2		1	5	
	8	5			7			4

SUDOKU - 14

	3	9	2			4	1	
	5		6			9		7
6		2		4	1		3	8
			4		2			
3	6	1		7				
4			3		5			
		6			4		7	
2	1			9	8	6	4	5
7				2		8	9	

SUDOKU - 15

2		5			4		7	6
	3		5				4	
7	6				9		3	
	4			1				2
3		2				8		
5			8	4		7	9	
						3	6	5
4	7	3	6	5			2	9
6	5		3		8	4	1	7

SUDOKU - 16

		1	7			3		
					4			
	8		3	6	9		4	
4	6				7	5		3
8		9		5			2	
7		3	6	8	2			
1			7			8		2
9	2		8	4	6	7		1
6	7					9	5	

SUDOKU - 17

	8	1	3			6	2	4
7	9		1					3
	4	3	8				1	
	5		4		2	7	9	
		8			6			
	1	4		7	8			
		7		4			6	5
4	6		7		1	2	3	
8	2	9	6		3			

SUDOKU - 18

			1	2				
	6	2	4		3		8	
5		1		8	6	4	2	
2			3					5
7			6		2	3		
	8			9			6	
3	9	8		6			4	7
	1	5	7			8		
4			8	3	5		9	

SUDOKU - 19

		9		4	5		8	
2	7	1			8		6	5
4				2			9	3
5		4	2	7	3		1	
	2				1		7	
			8	9			3	2
			5		7			9
9	1	3			2	7		
7		2			9	8		1

SUDOKU - 20

				1	4	7		
4	7					6	2	
	3				6	9	8	4
1	8		4					
	4		3	9	8		1	
	9	5		6		8		
9		8	2	3			6	
2	6	3	5					
7					1	2	3	9

SUDOKU - 21

2	1	7		5	9	8	4	3
			1	7		2		9
9		5	2	8				7
6	2						8	
7				9				
			8	4	6			1
	9	2		3	8	5		
		3	9			4	7	2
	7					9		

SUDOKU - 22

7		6	5				8	
	8	2	1		6			
3	5		2	4				
2	9	5	8	1			6	7
		8		5	9		2	
	3		6	2	7			8
5	2						4	
	4			8		6	5	1
8				5				

SUDOKU - 23

3	6						1	2
		5		2				
8					6			
2			4	7	3	9	6	
			8	1	5			
	3	4	2			7	8	1
7				6		2	4	
4		8	7	5	2	1	3	6
		6	3	9	4			

SUDOKU - 24

				9				
			7		6	1		2
	6			5		3	7	9
	8	5	9					4
2	7	6						8
9	4	1	6	3	8		2	7
4	9	3	8			2	5	1
						7	8	3
		8	1	2				

```
7 . . | 1 9 . | . . .
. 1 4 | . . . | 2 . .
. 3 . | . . 4 | 8 1 .
------+-------+------
. . 8 | 5 4 7 | . . 9
. 5 3 | . 2 1 | 7 6 4
. . . | 9 . . | 1 8 5
------+-------+------
. . 5 | 4 6 . | . . 1
. 9 1 | . . . | 4 3 .
2 4 . | 3 . . | 6 . .
```

```
. . . | 9 4 2 | . . .
7 . . | . . . | . 1 .
4 3 . | 7 . . | . . 6
------+-------+------
9 6 . | . . 7 | . 4 8
. 7 8 | 6 9 . | 5 3 .
5 . 2 | . . 3 | . . .
------+-------+------
8 1 7 | 2 . . | 4 . .
. 5 . | 1 3 8 | . . 7
. . 6 | . . 5 | 8 2 1
```

```
9 4 8 | . . . | . 2 5
5 . 2 | . 4 . | . 7 .
7 . 6 | 5 3 . | . . .
------+-------+------
. 5 . | 7 . . | 6 . .
6 7 . | 3 2 5 | 9 8 4
. . 4 | . . . | . . 3
------+-------+------
. . . | 2 9 8 | . . 1
. . . | . 6 . | 8 . .
1 8 . | 4 5 7 | 2 . .
```

```
. . 1 | . . . | 9 . .
3 . 2 | . . 5 | . 6 1
. . . | . . . | . 5 .
------+-------+------
1 9 . | 4 . . | 6 . 5
. 3 6 | 5 9 8 | . 1 .
. 2 . | 3 . 6 | . . .
------+-------+------
6 7 . | . . 3 | . 9 2
8 . . | 2 6 7 | 5 . .
2 . 3 | . 4 9 | 1 7 .
```

```
5 6 . | . . 1 | 7 . .
. 1 . | 5 3 7 | . . 2
3 . . | 4 6 . | 9 . .
------+-------+------
7 . 1 | 8 9 4 | . 2 .
8 . 9 | 6 . 2 | . 5 7
. . . | . . 5 | . . .
------+-------+------
2 . 7 | . . . | 6 . .
. . . | . 4 9 | . 7 3
. 9 . | 7 5 6 | . 8 .
```

```
8 4 9 | 1 . . | . 2 .
5 1 . | . 9 . | . . .
. . 6 | 2 3 8 | 4 9 .
------+-------+------
6 8 . | 7 . 1 | 3 . 2
. 2 7 | . . 9 | 1 . 8
. 3 . | 8 2 . | 5 . .
------+-------+------
. 9 . | 4 . . | . . .
3 5 . | . 1 . | 4 7 .
. . 4 | 9 . 5 | . . .
```

SUDOKU - 31

6			7	4	5	9	2	
						1	8	
3	5							7
		5				2	6	9
4			3	2				8
	1	8		5		7		
8	9	6	4	7	1			2
	7	4	2	6	3	8	9	
1			5	8				

SUDOKU - 32

2	4	6	7	5	8	3		
1	9		4				2	8
				1	7			4
	5	1						
4	3		5			2		7
7				1				6
8		3			5			
		4	8	3	2		7	
		2	6		7	9		3

SUDOKU - 33

9	3		7		1			
5	2			4	6	9	1	
1	6	7		9			4	
3		1	4	8				
		9				5	7	
4	7	2		6	5			
7	9		2	1			5	
2						8	9	
8	4	6				7		

SUDOKU - 34

4	5	6		3				
7	9		5		6	3		1
	3	2				5		7
			3	1				8
		1	7		4	2		
2			8			9	1	
			6	5	3		2	
5	2		9			6		
6		9			8	1		5

SUDOKU - 35

			1	7	3			2
3				8		9	6	
2	8	1	4	6	9		3	
9		6						3
1				3				9
7		8		9	1	5	4	
4	9	3	7		2	6		
	2	7				1		
				6			2	

SUDOKU - 36

	2		3	6	4			1
		9	5		7	3		
	6	1		9			4	5
5			9				7	8
		6			5	1		
			8			5		9
	4	7			8		5	3
		8		4		6		
	3		6	5		4	8	7

SUDOKU - 37

	4	9			7		8	3
				4		7		1
			8	6	4			2
						6		5
	6	8	4	5	9			7
5	2	4						9
	5	6	1	9	2		7	8
7	9			3	8	2		
8		2						

SUDOKU - 38

			2		1		9	3
6	1	3	7	5		2	8	
		9		3			1	
					3		4	6
8				4	2			9
	5	4		7		1	3	
				1	6			8
1	4		3	8	7		6	
	6			9		5	4	

SUDOKU - 39

					8	7		9
2	7	4	9		6			
9								2
5	2	6	3	4	9		8	7
7				8	5	6		
3	9			1			5	
	3	9	1		2		7	5
1					4			
			7	5	4		3	

SUDOKU - 40

9		6			5	4	2	
5	7			8			9	3
4			3				5	1
2	5				8	9		
3	6		2	7			1	5
		8						2
8		5		6	9	1		
6			8	7			4	9
		9						6

SUDOKU - 41

2	1							
		4	2	1	8	3	7	
	9		3	5	4			2
8	5	2					4	3
			5	2	9	8	1	7
1	7	9	4	8		5	2	6
3			6	4				
								5
		5	1					

SUDOKU - 42

3				7				
	4		2		3	1	5	
				6		3	8	
6		1	3			5	9	4
9				6	7			
2	7	5	9		4	6	3	8
		2	7	3	8		1	
8			5				6	3
		3				8		

SUDOKU - 43

	7	4	6	5		9		1
2			8	1		4	7	3
9			3	7	4		2	
	3	5			8	1		9
6			7					
	1					3	4	7
1		8						
		3		8				5
		7		2	3	8	9	

SUDOKU - 44

	6		1	4	7	8		5
5		9					7	4
7		1		8		2		6
3		7		1			8	2
	9	4				5		
6	2	8				4		7
			8			6		
	7		5			3		8
	1			6		7	4	

SUDOKU - 45

	4	2	6			1		
1	9	3		4		8		
6		5	2		1		7	
2		1	9		4		3	8
9		4		3		7	6	
		8	5		7		4	
5		6	1					2
8					6		1	
					8			7

SUDOKU - 46

4	5	2					1	7
8	7		5		2	4		6
9	6		4	1		5	8	
	9				6	7		
	2				9		6	5
	4		3		1	8		9
			7			5		
2	8			9				
7	1			2	3			

SUDOKU - 47

5	9		4	3	8			7
	2	3		9		1	4	
	8	6	2			5		
8			9	1			2	3
	1	2	8	4		9	7	
		9			7			4
	3		1		2		8	
1			3			7		
		8	7		9		5	

SUDOKU - 48

4	7		6		1			
6	8	2	9	5	7		3	
					2		6	
		3	5				1	
	1			2	9			5
				1	4	9		3
		6	4		3	8		
1	4		2	8	5			
	2			9	6		4	7

SUDOKU - 49

			4					5
5				9				
		1	3		7			
9	6	2			4		5	
7			6	5	1	4	2	
1		4		8	3	9	7	
3	1		8			4	6	
	2	9		3			8	7
6		8			9		2	

SUDOKU - 50

7							3	
8	9		3	4			7	1
3					2	6	8	4
	6	8	7			1		9
					6	7		8
5	4	7	1	8		3		
	7		5	2	1			3
		2	4				9	7
		3		9				2

SUDOKU - 51

		7				3		
6	8	4	2			5		
			6	5			2	4
2	4	8	7	1		6	5	9
			4		6	2		8
	9		5		8		4	7
4		1				7		
	3	2	8			9	6	
	6			7				

SUDOKU - 52

			3	9	5			1
	7			6			4	8
								3
1		6	4	9		2	8	7
	5	2	3	8	7	9	1	6
				2	6	3		4
6	2		8					
		4		1				
	1	3			4	8	7	

SUDOKU - 53

3	1							
2	7				9		5	6
		6		7		3	9	
4		5		1	8		2	9
7			5	9		8		3
	8		4		7	5	6	1
	9	3		5				4
	2							5
		8			1		3	7

SUDOKU - 54

							9	
	7	4	6	3		1	8	
	5	8	7	9				4
	6	2		5	7	3	1	
			8	1	6	5		
7		5		2	3		6	
5				9		8	4	
	4	6				9		3
						6	5	1

SUDOKU - 55

	3	6		2	7			
1		7	3		4	8		
	9	5				3		
	1		7	4	5	6		
	5			3		7		1
					6	5		8
3		9	4	5	2	1		
5					8	2	6	
	8		1			4	9	

SUDOKU - 56

	5		9			1	7	
4	8				3			
	1	9		4		5	3	
	4	1	2			3	8	6
7	6	5	8		4	9		2
	3			9		7		
	7			2				3
				8	1			
	9			3	5	7	6	

SUDOKU - 57

6				9	2		8	7
	8	2	3			6		
	5	7	8		1		2	3
			9	2				6
	6		5			4		
	9	5		1			7	
5		9						8
7			1		8	3	9	
		8	2	5	9	7		

SUDOKU - 58

			9	8	5	6	1	4
				7		3		2
			2					9
9	7	8		2				1
3	1	5	4		7	2	9	8
6	2	4	8	1	9		5	3
			6		3			
			4	2		8		
								7

SUDOKU - 59

		7	6	9	3			
3			4				8	1
9		2		5	8			
		9	7	4			1	2
7			2		6	3		9
	2		3	1	9	6	7	
4			8	6		1		
			9	3			4	8
		1	5		4			6

SUDOKU - 60

					1	6		
	7	6	5		9			2
8		9		4			3	5
	6	3	8		7		5	
9	2		4	1	6	8		
	8	7		2				
	3	1	2		8		6	4
						3		7
			9	6	3	5		

13

SUDOKU - 61

4				8		3		
			4	9	7	2		5
9	8	7				4		
1	4		6	5	3	8		
	6			2	9	1		4
	2	5	8			9		3
2				6	5			
8				4	1			2
		4	2			6	9	

SUDOKU - 62

6	1		9	5		3		
3						9	4	
2		9		7	3	6		5
	2		4	6	9		3	
9	3			8		1	6	
	6			1			2	
	7			9		2		
1		6	8				5	
5	8	2		3	1		9	

SUDOKU - 63

6		8		5	7		9	
1			8	9			6	
		3	2				7	8
9		5			8	6		7
			9	7		8	1	4
7			3				5	2
2	5			8	9			1
8			5	4	1		2	
4				3				6

SUDOKU - 64

3	4	6		5			8	
5	8	1	9	2				3
7			4			1		
1	2	9					3	
8	5		2			6	7	
		7		1		5		2
	1					9	2	8
9		5	6			4		
				4			5	6

SUDOKU - 65

2	1	5						
7	3	9	5		1	6	8	
							2	
			8	7	5			
		4				2		
1				9	2	8		
	2		9	8	4		5	7
8	4	7		5		9		2
	5		2	1	7	4	6	

SUDOKU - 66

6			8		9		5	
		8			5			7
4							1	
		3		2		9		
			6	1			8	5
9				5	8		2	4
1	4	2		9	3	5	7	
3		9	5	1	7	2		
	7			8	2			3

14

SUDOKU - 67

8		2				4		3
6	3				4			
4	1			3		6		5
	6	4		7			5	
1	9		5	8			6	
2			4		6	1		
9			8	4			1	
5	4				9	7		
7		6		5	1	3		

SUDOKU - 68

				8		1	3	
4	6	3	7	5	1			
	1	8	9		2		6	7
1		7	5		6	2		
			3					1
2	5	6	1				7	
			2			9		
7	4		8		3		2	
6		5	4			8		

SUDOKU - 69

2	5		6		7			8
4				5	8		9	
	3	9	1		4		7	
1		5	7	4	3			6
			2		1		3	7
		6		8		4		
5		3	4	1				9
			8		5			
6	1	4			2			

SUDOKU - 70

		3			7	6	9	
	9		3		5	2	8	7
			8	9			5	3
2		5	9				3	
3	7		5		2			6
			3	8		7		
	5	2			3			
			2	9		8		
	4	9	7			3	2	1

SUDOKU - 71

1	5				9	4	6	
				5		7		
6		7					8	5
			6	7	3			9
	1	9		3	8	2		6
	3		2	9			1	8
			7		3	6		4
		3		4	2		5	
	7		6				3	2

SUDOKU - 72

	6		9	8				2
				5		9		4
		7		6	2		8	
6		5					1	7
1				8				
9		8		1		4	2	3
		6		3			7	9
4		2		7		1		8
		9	8		5	3	4	6

15

WORD SEARCH

ASSORTED ADJECTIVES #1

```
D E R R G X P R Q B W H S N M
L U Q O E W D L V N U A C J I
G R C T I C A T D S Y F H T L
N T P Y D U A G K T T E P D S
F W S V A L P Y L S C A V I L
V H O L G U A A Z H C H M C X
J T I R H R S N Q Y H E G K R
Q K Q Z B S E O A M H A A Q E
E A L B I W R A T M R D H I B
K E E M N D N A T H O D S Z W
K A P U T S T V H B G F U Y F
M K C I U Q P M T S F I E T P
S V G E G P Q D E X I F E S A
Z K F D H E V I L A U E V A O
H F A N E E K J Q Q B V I T V
```

HARSH	MEEK	SLIM
ALIKE	EIGHT	TACIT
HUSKY	GREAT	TRUE
KAPUT	KEEN	GAUDY
FIXED	SALTY	ALIVE
TASTY	SHY	AHEAD
BROWN	QUICK	

17

ASSORTED ADJECTIVES #2

```
L S T F L A T W T E E K N L G
E A A M B J D K E H G I H T A
N D F U U O N U N K Z R M H R
O H S M L O P E S E U W I I Z
B Y P O W Q F W E H F D B N D
Z Y N N K A Q S S C X I G T W
V G R U L I E M A S G Z N F Z
F E K S R W E Z A E O T I L I
C C E D F E L A J L Q O Y T J
A R R K R M K V Y U P U L H C
Y L R U C U H A S P T G Q C E
F R N W V V N V W A P H Q Z F
H W Q U U G K K D A Z A W M C
M E A T Y I A Q E S X H N T D
P B X D H C G P C P P P V X O R
```

CURLY	NAPPY	MEATY
KNOWN	HIGH	BIG
DRUNK	LONG	AWAKE
THIN	LYING	ONE
SAME	TENSE	FLAT
BUSY	SAD	JUMPY
TOUGH	FALSE	

ASSORTED ADJECTIVES #3

```
R I G T F T F E P I R X U X G
L F H S P V Q N I N E U H N N
I B E A L R P F A I E T C K I
G D M P A U B V D R S X Z A Y
H I B E N B B V U A B Q P B L
T X R S T X Q P L Y K C A T Q
Q J A C R M M S L C U R L Y L
O T F R A X R H M V Q U G L Z
R B R D E N V O V S M A L L Q
D C M E D B B R M X F S U T V
Z Y N F P W E T D T W T J H W
A M L N B T P L T E E O Q R T
D C T L L V A D D W A T L E F
G J X Z I B S W I F T W L E T
U K D E J S O M F L E Z X B D
```

LOW	NINE	REBEL
MAD	SWIFT	LAST
SMALL	RIPE	PLANT
TACKY	WET	LIGHT
SHORT	CURLY	PURE
FAR	THREE	LYING
SILLY	PAST	

ASSORTED ADJECTIVES #4

```
P Y R F V F D E T I H W C M I
L O T J X A U Z D Z G O A T I
A T M S S X S Z R X F T F B B
I J A B E V P T Z A N Q D P O
N W V C B Z L B P Y E L R K R
E Z H F K Z C O O T Q N A N E
P X S E N Y A G P C W W H F D
O V B I F G I D F R N N I H T
U Q L R D E S U J A K F K N P
L D G B H O F B X F L Q O F S
B Z N H N A Q P W I J S D C B
O L U K H O L D X B F M E D R
P E N V Z F X F I T N X I M O
D A R K A M A G Z C M D R E V
G B U M A C H O X K A P U T A
```

USED	KAPUT	HARD
FALSE	ODD	BRIEF
MACHO	BORED	TACKY
NEAR	VAST	WHITE
ZESTY	HALF	PLAIN
DARK	THIN	FUZZY
FAR	ACID	

ASSORTED ADJECTIVES #5

```
O D L D Y K L I S H B X B R Z
G C I R U I L A G E L A O R L
B D E X X E V I F N K H J I B
E H R I A F A G P C W N N T U
F M Q T N F T F I P Q C H Z Q
A X L E I H Z Z D E M A S Y S
E R N A G V I E H X T C T X Z
Q C B I C C D U O V A L N Y K
F R R U I A F S L V S A J K C
R L U S F H E H Z W E B U S P
O S A O R I G U Y Z C A N U I
Y B S O F T S T K F I F C H G
A A A R Q K C F C N N T M F B
L O C T O U G H A R N W Z Q I
S K B Q B V L I W U S L I M C
```

TOUGH	LEGAL	FIVE
CALM	SAME	HUSKY
ROYAL	NICE	FADED
ABAFT	SOFT	RITZY
FAIR	BASIC	RIGHT
SILKY	SLIM	WACKY
SHUT	OVAL	

ASSORTED ADJECTIVES #6

```
J G E I W N S A P N K L D W K
Y K L I S F Z S M Z Z S H Z Q
L O A B R U Q Z A A M Y S U B
F D T M O M Q X F A L G Q H S
N R S J Q Q Q D R S S E T O A
I W K C I U Q T G Y T E R K M
T W E D Q M C F Z P C D J T E
X T F T Z H L E T M N I L Q D
M R A W V K T S L U G L U R J
W J Y P L W X E O A U W I J O
T B K X C E X R I N M Z A U Y
N T I E Y K X R E U L B F T K
I C P A N A A W N I Q B A K S
A D S S A W R E A L K J S G U
F S Q M M A S W C Z K A W G H
```

JUICY	WET	FAINT
ROUND	QUIET	AWAKE
BUSY	MANY	NULL
HUSKY	MALE	SAME
REAL	SILKY	ALERT
SPIKY	STALE	WARM
QUICK	SMART	

ASSORTED ADJECTIVES #7

```
F M A G B H X F S X W N G J E
R E D U U A Q Y D F E I K O U
X E R F D L Q H F E A N Q D D
B L I S R F Q C E N R P Z B H
Y U A L I Q Z T T D Y I C C M
R O F E H G K I Z D M D T E E
B G F U T M S N R N F F S J T
C J R R Q X G Z O R S O B I I
R Q C C U W P H A W O M E J L
O G N O R W K E L L N L G B E
E U J L U W D F W I O O B A T
U S A R A I N Y A J B S E F D
E P T X J E E N N I C E G D O
W Y C N A F I F D K E E N B P
U U L T R A A T M F D C X T W
```

DEAR	FAIR	TIRED
RAINY	KNOWN	WEARY
KEEN	CRUEL	WRONG
NICE	ITCHY	HALF
BURLY	ELITE	THIRD
FANCY	TABOO	ULTRA
GIANT	LOOSE	

ASSORTED ADJECTIVES #8

```
X C I S A B H D Z I P P Y M I
V T H I R D K P E V L A C W K
N N S T E E P J L L J D C K C
Y W L L A T C T B P B T K F A
D R H B J F T K P Z A A L N U
D B E X D R U N K U C P F S Q
U F S I K Q S K U S P I C Y B
R Z K C T S A I C Y L D A M W
Y O A Z C F D E R P V M S A Z
V B L D U L P J U T A M E P B
A X B R U M A S X A H E F B W
K W R A D T H E V R Z S N C P
X Y Q L G Y G Z R F N E H E L
Z C J Z V W I T X E N B D E N
V U I V X I R O N I M O Q J F
```

SPICY	OBESE	REAL
FURRY	RUDDY	ABLE
ABACK	BASIC	PUSHY
DRUNK	NEXT	MADLY
STEEP	TALL	THIRD
GABBY	MINOR	TAME
QUACK	ZIPPY	

ASSORTED ADJECTIVES #9

```
D S Q K Q D W H H V P U Q A X
R T I C A T S B L E M W U B Z
N C S K Q U U O L R R T W T P
T U E K I W O S J N D V K W B
D T Z K I C F O A M Y E F E I
D E R E L B A S W F V A I T G
O C S V J D U H K I W O V M I
M A F Z A D E R A R O U E Q D
B L Q G R R K N T S B M V X D
B K C Y R O A D R T Y T X O Y
Y L L O J E W J O R R N T J U
D T R A M S A F A L E A F I D
L X L F R P T T K R V I I D P
G W W S D I S O U U E G W A F
X D M G C R U R O K I G S I M
```

SMART	SABLE	FIVE
AJAR	FOAMY	COOL
GREAT	FIRST	EVERY
ODD	GIDDY	TACIT
DRY	NAIVE	AWAKE
SWIFT	GIANT	WET
CUTE	JOLLY	

ASSORTED ADJECTIVES #10

```
S O G G Y Z O O L T H C P S O
P N X E B O R E D A R R K T H
V E R R P S T P D I U Z L E C
G M P R U G I K L A M Q Z S A
M U U X J D P O R A O P E T M
U K O S W A D S C A I O C Y C
G O W P H E Z Y P U D N N M D
E T H N V Y R Z R I C X R R A
H D R A H T U O Y A K N W D B
H G X G I B U T C E C Y E O N
D D O L L G D V Y J E P H V R
A I M C H T Z M G X N J H I E
O N E W W O G Q N P H I Z G S
R A F G V V L P A F M E H R G
B M F U Q W Q H T M A G W T D
```

RUDDY	PLAIN	EVEN
SPIKY	DARK	SOGGY
BROAD	BORED	TESTY
ROUGH	BIG	MACHO
THIN	TANGY	BAD
JAZZY	EQUAL	NEW
HARD	MUSHY	

ASSORTED ADJECTIVES #11

```
H C K O X F A L S E Y N U L T
S K R N G A T E I U Q D S E A
S T C I A F M P O H R Q N F Z
P W D T M E B G R T P B K A J
R D Q R J G L Z H A F N D B H
Y T C I U D H G V N H O B E R
I A I T I G I P Y L N S T Q L
V H Y Z C R E N E Q K I F V T
A A P Y Y E E G B C H V A O O
S Y P T T E A M D W N A I S T
B L A S T L E Y T T U N N E G
W G N U G K N L D L J E T J T
D U K N O F T R S K U X L T Z
F B W K I S S A S H O T S W K
A S V Q C N F E Q U I C K P D
```

GIDDY	LEAN	QUICK
FALSE	JUICY	NAPPY
NUTTY	LEGAL	UGLY
RIGHT	TEENY	QUIET
NEXT	HANDY	FAINT
EARLY	RITZY	STEEP
WHITE	SHARP	

```
C G W A W A K E X H B H F P H
V L A Z V L N M E E K A V P I
P F W I S J D I E F K I Z O J
F E F B T B Q U P T A E N J F
D I U H C R G U O P G G S Q A
Y R L T X U A K A L Y W N F Z
L B R P R E I T E C I L K S K
I B S R H P U F U F K E U C C
A D O Y R D R N T C H W I M O
D E L W E F P X V O M D B G V
J D I A K N O W N O A W E V E
Q O D P B V C M E A T Y B M R
Z F M M W L Z T G G W Z X N T
P E I H H H E I Y F F A D F F
C L E A R D G T L N K V T H U
```

NEAT	AWAKE	CLEAR
KNOWN	DRY	SOLID
AWFUL	NIPPY	DAFFY
OVERT	QUACK	SWIFT
ABLE	BRIEF	LOUD
MEATY	DAILY	MEEK
TART	LEWD	

NUMBER SEARCH

FIND THE NUMBERS

5	2	2	1	8	1	8	1	4	0	1	4	4	6	0
0	7	1	7	2	0	7	3	8	0	4	4	2	3	9
6	7	0	0	4	7	1	0	7	8	1	1	3	6	5
7	9	8	8	0	7	7	6	0	7	2	2	9	4	6
4	3	4	1	5	0	7	8	0	4	7	0	3	4	1
0	1	4	2	0	0	3	1	3	0	0	0	6	3	2
0	3	0	5	0	4	6	2	0	0	5	3	7	0	2
3	2	3	4	9	2	1	2	4	3	9	5	0	2	7
0	1	0	4	3	0	2	0	2	7	6	2	9	8	4
9	4	3	3	4	0	1	0	3	5	6	0	4	0	1
0	0	4	8	9	2	0	4	7	8	4	3	0	0	8
0	8	1	4	0	0	9	1	8	5	4	7	9	4	4
1	0	1	1	4	5	4	9	3	4	2	0	0	3	4
1	0	6	4	0	1	4	9	9	4	1	4	7	5	7
5	6	2	2	5	4	0	0	7	3	4	3	8	3	4

004030	415078	70220249
04710	674230	94334010
34590	800348	740298400
041818	00874003	1064014994
41942	1854794	4007343834
60580	2034010	24394541101
207380	9004180	
280043	14307408	
301401	50674003	

FIND THE NUMBERS

2	5	1	4	8	4	1	5	8	2	3	8	7	5	9
0	4	7	0	8	8	4	7	5	1	0	0	0	7	5
9	3	4	9	7	4	1	4	5	2	4	3	3	8	7
8	9	5	5	6	7	9	2	4	9	2	1	9	4	8
6	5	5	2	7	3	8	3	9	2	4	0	8	7	1
7	4	7	0	1	8	7	7	4	4	0	7	5	8	8
2	2	4	5	1	1	3	6	3	9	1	3	7	9	1
5	4	1	7	5	5	6	2	9	6	4	8	4	8	4
7	7	8	4	3	4	8	9	8	8	4	5	5	4	6
4	5	5	9	8	8	5	5	0	5	3	4	8	8	4
5	0	8	0	7	8	4	0	1	4	1	2	1	5	8
4	1	2	3	7	9	0	1	1	2	4	4	4	9	6
0	4	2	8	1	8	1	7	1	0	2	7	3	6	1
3	6	0	2	8	1	0	0	5	9	7	0	3	4	6
3	9	3	4	3	4	2	4	7	5	9	5	0	1	0

54247	54247501	574243439
549439	54889814	574903824
570447	54889843	578181464
570884	57418582	5783285143
5414794	57454033	5783285148
5450107	57488074	5784789848
5745814	549439801	

Puzzle #3

FIND THE NUMBERS

```
8  2  9  3  8  4  5  2  4  1  1  4  7  2  2
0  4  9  3  1  1  8  0  7  9  4  8  7  4  7
1  9  2  5  1  8  0  9  9  0  2  2  4  2  7
9  2  7  0  0  3  3  0  1  3  5  3  9  9  4
7  4  6  2  4  0  2  7  0  0  1  4  7  4  7
0  7  8  5  1  0  8  4  0  4  2  7  4  0  1
3  4  0  0  4  6  0  4  3  6  9  0  3  0  4
2  4  7  2  1  2  9  2  8  3  6  0  4  7  0
9  8  7  8  1  2  4  5  7  2  0  4  1  4  1
8  1  7  9  5  8  7  9  4  7  4  8  7  5  4
6  3  5  9  7  5  5  8  3  4  7  0  3  4  7
4  2  3  4  8  5  2  9  3  8  4  1  3  0  2
6  9  7  6  1  0  4  0  0  1  5  4  7  9  8
5  7  0  8  7  8  4  7  2  2  7  5  3  6  9
7  2  1  7  1  1  8  7  0  2  0  7  8  4  4
```

203148	7466073	7478497081
502502	8019703	74114254839
1020444	8033423	
2099081	11041411	
2492474	20255874	
4089782	70207811	
5109400	347975470	
5708784	0387433020	
5834703	1401472894	

FIND THE NUMBERS

1	3	8	5	1	4	7	4	3	4	4	1	8	2	3
3	0	8	8	7	3	0	4	2	8	2	0	9	9	8
5	4	4	0	7	5	3	3	3	4	9	4	5	3	9
0	4	1	1	4	0	7	5	0	7	2	4	1	1	2
3	8	2	4	1	4	0	8	3	2	0	3	4	7	0
7	4	1	0	4	2	4	0	2	0	9	9	7	4	7
3	7	8	8	3	7	4	2	4	8	1	1	0	1	6
4	3	7	4	1	4	8	4	7	4	3	8	2	4	4
6	6	0	4	0	3	6	7	8	9	7	2	7	1	9
8	8	1	0	3	4	3	0	9	2	9	9	4	2	7
7	8	8	1	0	5	8	8	7	4	7	2	1	8	4
9	8	3	9	4	3	8	8	2	8	9	7	2	1	1
4	9	9	4	1	1	4	2	8	3	4	9	0	8	1
3	1	9	6	4	2	2	0	2	0	7	3	7	4	8
0	2	8	7	0	3	3	0	4	9	9	4	3	3	4

3882897	7027412073	74141281843
74344182	7414310304	90204240147
642202073	8810588747	207649741184
748414734	011842473887	382414083203
903430188	14075072411	943824114994
3042820998	28703304994	

FIND THE NUMBERS

4	7	8	2	8	8	1	0	3	3	0	8	4	4	9
8	0	4	4	9	8	2	4	4	1	3	5	3	4	4
9	3	8	8	9	7	4	0	0	4	1	7	4	8	9
4	4	0	9	8	4	4	7	1	8	3	1	0	7	8
0	8	0	4	4	1	1	4	3	1	1	6	8	4	3
6	0	9	2	9	6	3	1	3	4	8	0	4	1	4
7	0	8	7	0	3	3	0	4	4	1	4	5	1	0
8	9	1	3	4	9	4	8	8	9	8	5	8	8	0
0	4	0	1	4	0	3	8	7	7	9	9	5	0	4
8	8	4	4	4	7	8	8	8	4	0	5	0	8	7
3	7	3	6	2	6	9	2	9	0	1	6	0	9	8
8	4	5	4	6	4	8	1	5	0	8	1	2	3	4
7	4	8	5	4	9	0	2	4	2	8	1	8	1	7
3	8	8	8	0	0	9	0	3	0	9	4	5	8	5
5	0	6	7	8	9	4	7	7	4	2	1	4	9	7

81058	83400478	9477421497
97438	90309458	80884394038
804798	94114948	80983902049
897400	824209458	88551437488
984344	874118089	881147836498
8405087	8009487448	
80318847	9406780838	
82011848	9448033018	

FIND THE NUMBERS

```
2  5  1  8  8  8  4  3  4  7  4  0  7  9  8
9  3  4  9  3  7  4  0  9  7  4  3  9  1  1
7  0  8  9  0  1  4  5  2  0  3  4  5  0  4
7  4  6  9  8  7  8  5  8  2  4  3  6  6  4
2  4  4  9  8  1  8  9  5  0  2  4  7  2  4
2  7  4  4  1  8  0  3  2  9  0  0  7  4  7
3  7  0  2  9  8  0  4  1  0  9  2  9  3  3
8  4  9  0  9  0  9  8  8  1  4  7  4  2  8
2  4  0  3  9  7  8  4  8  3  3  4  7  8  3
8  6  2  1  3  5  4  0  7  4  3  7  0  8  0
3  3  1  2  0  1  7  4  9  2  2  0  8  2  3
1  7  4  0  3  4  7  7  9  4  7  1  0  7  2
1  6  4  1  4  8  8  2  4  7  5  8  1  8  4
0  9  7  2  8  7  4  3  3  8  6  2  4  4  8
6  2  1  1  8  3  8  0  9  3  0  4  2  5  4
```

51487	17497743	205981894
82473	24039083	240397848
83418	27470182	342858789
188843	28827845	803290074
274418	40892073	947080142
540743	43420943	4738303248
5742884	43474079	
7409743	54109807	
08842114	89090948	

FIND THE NUMBERS

```
6  3  5  5  7  2  9  7  4  4  5  0  0  1  7
3  2  0  2  4  4  5  2  4  2  3  1  0  5  0
6  6  4  8  5  4  8  8  3  9  8  5  2  2  2
1  9  0  7  2  8  2  8  7  9  8  1  2  3  5
6  2  5  2  4  8  7  3  0  0  5  3  4  2  3
1  5  0  1  8  3  9  4  0  7  5  7  0  5  7
3  8  3  0  0  3  4  8  5  7  5  5  3  0  8
4  8  2  6  7  2  2  7  8  8  0  5  9  2  5
4  5  4  7  4  8  6  2  4  6  6  8  0  5  0
8  3  0  2  1  7  5  9  9  8  4  7  3  3  0
1  5  0  8  6  3  1  3  3  3  8  1  9  8  4
0  2  9  3  4  9  4  2  9  8  1  4  2  4  2
8  3  6  4  0  5  0  3  3  7  0  8  8  4  7
1  3  4  1  2  5  1  3  6  0  5  7  2  8  7
7  1  4  9  7  8  1  9  3  6  8  5  9  0  0
```

0038947	055708847	5033708847
541824	0224039039	14688982803
2474347	349429814	58745867947
08848847	838070324	

FIND THE NUMBERS

```
3  1  3  6  8  3  4  6  0  1  7  2  8  4  6
1  4  7  9  8  1  6  4  3  4  3  0  4  3  7
1  4  7  5  0  7  7  4  3  1  3  3  7  0  2
4  9  4  9  4  3  7  4  8  2  7  4  3  9  1
7  9  7  2  8  8  4  6  3  0  2  5  5  7  0
3  2  7  3  7  0  2  3  5  1  4  5  0  0  6
8  4  0  2  0  3  0  5  3  4  5  2  5  2  4
2  6  3  0  8  2  1  4  1  8  1  2  1  7  5
7  8  6  1  6  7  9  1  4  4  4  2  0  9  0
9  1  2  4  7  7  4  1  4  3  7  5  2  4  7
4  7  4  5  2  4  3  6  0  3  4  2  7  9  7
6  1  9  7  7  0  9  8  7  4  3  6  9  1  4
3  9  4  3  4  9  8  8  8  9  9  1  7  9  3
1  3  1  4  1  4  3  3  4  7  3  3  5  4  5
9  5  9  4  8  7  4  1  4  6  1  1  4  8  2
```

034279	14143347	147382794
84414	14784959	6482710643
201943	14798164	6489471343
247643	036488279	9494374827
477414	47507743	
514743	47890779	
5483343	50510279	
6434304	64507743	
6478279	97027949	

FIND THE NUMBERS

8	7	7	4	5	0	4	5	8	4	3	6	1	6	6
3	6	2	0	8	3	4	2	4	8	8	9	0	7	8
9	7	7	0	8	2	4	7	5	8	4	3	9	4	0
4	3	8	0	1	9	0	7	8	3	9	1	0	4	9
7	4	8	3	2	2	8	6	0	7	0	4	4	9	0
5	9	9	1	9	1	4	0	0	3	4	2	9	4	7
7	7	9	2	0	0	0	9	6	4	8	5	9	0	0
4	0	8	2	7	2	7	2	4	3	0	2	4	0	7
9	3	8	9	2	6	8	8	4	7	0	7	7	7	2
0	0	5	6	8	6	0	3	0	7	6	0	8	4	5
7	2	0	2	4	2	4	2	0	7	4	3	3	4	9
1	8	5	3	4	1	4	6	0	7	1	8	5	8	2
5	7	2	6	0	6	4	7	8	1	8	2	4	8	2
4	6	7	4	1	0	5	3	0	7	0	0	9	4	4
2	3	7	4	8	2	7	0	9	0	7	7	3	0	2

020107	036089807	97030287
038207	48270907	342488907
0641807	54894907	381028307
3414607	57454787	3485742807
4146807	74105307	48206040784
7428987	74201207	83947574907
8090707	83907807	
20124947	94728307	

FIND THE NUMBERS

```
7  1  4  1  2  0  2  1  9  3  5  5  0  5  8
6  0  0  1  0  2  1  4  2  0  4  7  0  6  4
3  3  2  3  8  6  4  0  4  8  2  4  8  6  3
2  5  8  6  3  2  9  7  8  8  4  1  4  8  5
0  3  2  4  7  4  2  7  9  0  4  3  4  5  2
7  2  8  8  8  2  0  9  9  4  2  3  5  0  7
1  3  0  3  4  5  2  7  9  3  8  1  1  5  7
5  9  1  0  8  1  0  6  0  7  8  9  0  0  6
5  1  1  1  2  4  0  2  7  9  1  6  9  8  1
8  1  3  3  8  3  1  1  0  3  0  9  0  3  8
7  4  4  7  0  9  5  0  2  0  2  5  5  7  0
1  3  4  5  5  7  7  0  3  4  0  9  8  9  8
5  3  5  9  8  4  5  4  3  3  2  2  3  8  7
3  8  3  1  1  2  7  0  1  3  9  8  5  3  5
3  3  8  4  0  1  1  8  0  8  3  0  0  4  6
```

002058	8021088	340972474
70683	9021407	00380811048
404683	10334070	383841033
3409898	24210148	2425143974
6009870	60010214	

FIND THE NUMBERS

```
0  5  2  2  2  4  6  4  3  4  5  9  2  8  4
3  8  8  0  2  7  8  3  7  2  8  5  6  0  6
2  4  4  3  7  4  4  4  8  2  7  6  2  3  2
4  2  4  9  1  3  3  8  3  3  0  0  4  3  0
3  7  0  9  8  9  8  1  9  7  2  3  2  5  3
8  8  6  9  1  1  3  0  0  5  4  4  0  4  1
8  0  3  4  3  0  1  8  2  1  0  1  7  4  4
4  9  9  4  8  4  0  0  0  1  8  8  4  3  7
0  7  8  7  4  3  8  8  2  5  0  8  3  0  3
8  8  7  4  3  1  7  1  8  8  0  3  4  1  2
1  2  4  6  0  2  1  0  1  0  3  2  4  3  1
3  6  9  4  4  2  1  2  1  0  0  0  0  5  8
4  4  2  3  0  3  6  4  7  5  5  9  7  1  4
4  6  0  7  7  7  4  2  4  0  7  7  0  0  5
2  4  8  2  4  1  1  4  7  5  4  4  4  2  8
```

10738	021010324	03820118948
11443	37423836	24310188438
50118	41473484	44457411428
88743	74030274	58427809782
0880019	274895083	70424777064
2073802	0324388408	
10205083	574630324	

FIND THE NUMBERS

```
4  6  9  0  4  3  3  2  2  4  1  5  4  5  5
7  2  6  7  7  0  3  1  5  1  0  8  7  4  0
1  1  5  5  4  4  5  8  1  3  1  2  8  7  3
1  3  5  2  9  2  3  8  7  1  5  4  5  5  3
4  9  2  9  3  0  4  7  3  4  1  3  0  4  4
5  3  8  1  1  3  7  1  0  5  1  8  2  2  7
3  4  0  0  8  0  1  6  4  9  1  9  8  9  0
1  0  1  4  1  4  3  0  3  3  4  4  5  8  2
1  9  5  5  4  1  2  4  5  8  4  7  8  4  0
7  3  4  4  2  0  2  0  1  1  9  8  2  3  1
7  2  5  4  8  7  6  8  3  9  8  3  7  8  4
0  6  4  4  1  2  4  7  9  5  7  3  8  4  1
5  4  8  8  6  7  6  3  9  2  6  4  2  4  8
5  5  0  9  8  4  3  9  5  4  7  4  0  1  1
1  8  4  1  8  8  8  8  7  2  7  0  1  4  8
```

2014181	974241434	547542984384
24389478	1459147833	
50334702	5028582782	
74907347	07298211089	
101414303	50984395474	
110202443	84107278888	

WORD SCRAMBLE

Assorted Words #1

EPELPO	
RUHTT	
BLA	
IRBRAYL	
ELINCT	
VNOE	
WANOM	
YRISTHO	
TUGTHHO	
OCEITSY	
IEMNTOO	
ARYHCTI	
EDMOHT	
SNO	
RETOYP	
MTPYNAE	
FEWI	
ALIUTYQ	
SSOSNEI	
HCEKE	

Assorted Words #2

CTAEHER	
DA	
USOP	
USSECSC	
ELDREA	
AMDAR	
TMAH	
NSGTITE	
INKG	
MMO	
EMAT	
EFYATS	
REAA	
GYHWAIH	
LIMTECA	
AELPP	
RARTPOI	
RAOESGT	
IGRTAU	
ENMU	

Assorted Words #3

IADWGRN	
EONUGT	
AARECM	
ERTCOS	
RVSUI	
MLAE	
CNTOYU	
DFOO	
EGERYN	
ETAL	
OEMLUV	
EPIRCE	
SOPU	
UELRFIA	
THGNI	
UYOTNC	
ARE	
TCOEUMO	
MDAEI	
MSUCI	

Assorted Words #4

TEGTINS	
ORLWD	
BIALYIT	
NHITG	
GHOUSIN	
YAMR	
ATE	
AARMCE	
THEAERC	
EIAGDRN	
NANOIT	
ATLASYN	
UDITOS	
LALM	
IAPNO	
ALHL	
VEMIO	
UNME	
RNWEO	
NEINEG	

Assorted Words #5

NFINDIG	
LATE	
NEINRW	
EERLAD	
SERNPO	
EORDMEF	
TAORC	
HWYGAIH	
IRVER	
RAT	
GELLVAI	
EHRTA	
NEAYMPT	
TCALEMI	
OTICP	
IROTSYH	
NUCORYT	
MYOREM	
EDNRNI	
CREPTHA	

Assorted Words #6

VCIEED	
POTOH	
ESSAMGE	
ERMBME	
EWSN	
ITCY	
AEKL	
LOER	
AHTM	
HHGTIE	
HTUYO	
OISTCYE	
IXTEANY	
PHTDE	
EKDS	
APRPE	
COOTRNL	
GWHTOR	
IVRRALA	
CCSSEUS	

Assorted Words #7

BDIR	
DDA	
RIAAFF	
DOPRUCT	
OVNE	
YRAM	
PALEP	
EIGLAVL	
UAYQTIL	
EVRIR	
NEOHP	
SISREE	
NTISEN	
ILGHTF	
CLDHI	
DA	
OTIEMNO	
GNEE	
IDNMODA	
ICOMNE	

Assorted Words #8

HVCLEEI	
GTLEHN	
LACEITM	
PEI	
OSINVRE	
SPEATC	
OSGN	
NWNERI	
EGRACOU	
EUSNTTD	
REOKWR	
FEEOFC	
VEOID	
ISTNOEN	
BNUSO	
ISDK	
IBRD	
SAOSINP	
PTEACS	
UTTRH	

Assorted Words #9

ATPOOT	
SSDIAEE	
CCRHUH	
WOENR	
RTA	
LTEHHA	
FGHTIL	
VNEO	
AMLCEIT	
HBAT	
NEECS	
NELGTH	
RRYGOEC	
RIRPOTA	
EPDTH	
IWIRNGT	
EIDA	
EHKCE	
NRIGSE	
SEBKTA	

Assorted Words #10

SEPEKRA	
EOTHYR	
OEMP	
CALHLOO	
TARNUE	
REARFM	
IGAHHYW	
TASHNK	
IYTC	
LDROW	
ETINSN	
SCMUI	
OMM	
OISNUC	
OIUTSD	
UQNEE	
EIRSES	
GUNEOT	
MNUE	
AFFIAR	

Assorted Words #11

CCPENOT	
MRNEAAG	
GIKN	
IONUHSG	
DIRREV	
ELHWAT	
ERAA	
ATREILY	
HEPNO	
TEENV	
RTA	
NUEM	
ISVUR	
LFEURAI	
LCENU	
ETHGLN	
NNTEIS	
PETYOR	
ROWEP	
HTCEERA	

Assorted Words #12

SIAPNSO	
KDSE	
YAER	
YCRNUOT	
SINNETO	
YDLA	
AMTE	
HOTTO	
DEHAT	
RUTIAG	
GHOWTR	
AFTSYE	
ADD	
THHLEA	
APELP	
RIGL	
OMBEDRO	
GEAINRH	
PAM	
RAHTE	

WORD PUZZLE

WORD PUZZLE - 1

W	S	U	H	Y	F
E	P	G	U	X	O
O	Q	Y	D	B	O
T	N	Z	A	A	K
I	J	E	M	U	C
I	L	D	V	R	I

_____   _____   _____
_____   _____   _____
_____   _____   _____
_____   _____   _____
_____   _____   _____

WORD PUZZLE - 2

Y	E	N	G	C	H
J	I	D	T	O	R
A	Q	V	D	U	F
W	I	U	S	L	G
B	X	E	M	I	K
E	P	Y	A	O	Z

_____ _____ _____

_____ _____ _____

_____ _____ _____

_____ _____ _____

WORD PUZZLE - 3

E	H	J	O	D	F
B	Y	I	E	R	V
Y	I	X	G	A	K
O	L	T	P	M	S
P	Q	C	U	I	A
L	W	U	N	E	Z

_____   _____   _____
_____   _____   _____
_____   _____   _____
_____   _____   _____
_____   _____   _____

WORD PUZZLE - 4

O	D	O	I	E	I
R	K	A	U	G	C
F	V	B	A	E	T
X	A	H	Y	L	E
Z	S	M	U	Y	N
Q	Y	J	I	P	W

_____   _____   _____
_____   _____   _____
_____   _____   _____
_____   _____   _____

WORD PUZZLE - 5

Y	A	E	K	T	O
V	Q	P	Z	U	A
H	F	N	W	U	D
U	L	I	R	X	C
K	M	B	O	O	P
I	E	J	Y	S	G

_____   _____   _____
_____   _____   _____
_____   _____   _____
_____   _____   _____
_____   _____   _____

I	L	Y	V	O	O
F	D	H	I	E	G
I	S	N	X	U	A
B	C	O	Q	K	W
P	J	M	R	U	Y
E	U	T	E	A	Z

_____   _____   _____

_____   _____   _____

_____   _____   _____

_____   _____   _____

A	D	H	T	C	X
Y	I	E	M	O	P
Z	V	Q	F	K	U
N	J	E	G	B	E
S	I	C	Y	W	Z
L	R	O	I	A	U

_____   _____   _____

N	A	W	D	Y	Y
A	K	T	E	O	U
I	U	Z	E	O	F
E	U	X	R	C	M
S	Y	P	V	I	L
A	H	J	G	Q	B

_____   _____   _____

_____   _____   _____

_____   _____   _____

_____   _____   _____

WORD PUZZLE - 9

D	Z	Z	A	E	J
H	C	A	I	F	Y
L	U	S	P	G	Y
T	W	K	X	M	I
Q	B	U	O	E	Q
O	A	E	V	N	R

_____   _____   _____
_____   _____   _____
_____   _____   _____
_____   _____   _____

O	A	Y	Z	F	M
U	G	S	A	I	L
E	Q	Y	N	O	T
N	R	X	D	E	W
E	U	I	V	B	H
C	I	K	A	P	J

_____   _____   _____

_____   _____   _____

_____   _____   _____

_____   _____   _____

Q	B	A	I	W	K
H	C	M	O	P	E
U	O	I	S	Y	V
F	X	L	A	T	J
R	Z	T	U	U	Y
D	N	E	G	H	B

_____   _____   _____
_____   _____   _____
_____   _____   _____
_____   _____   _____

E	D	A	T	Q	B
C	J	O	F	Z	R
U	H	Y	K	W	U
I	S	Y	O	O	M
P	B	V	Z	A	G
E	X	I	L	N	U

_____   _____   _____
_____   _____   _____
_____   _____   _____
_____   _____   _____

MAZES

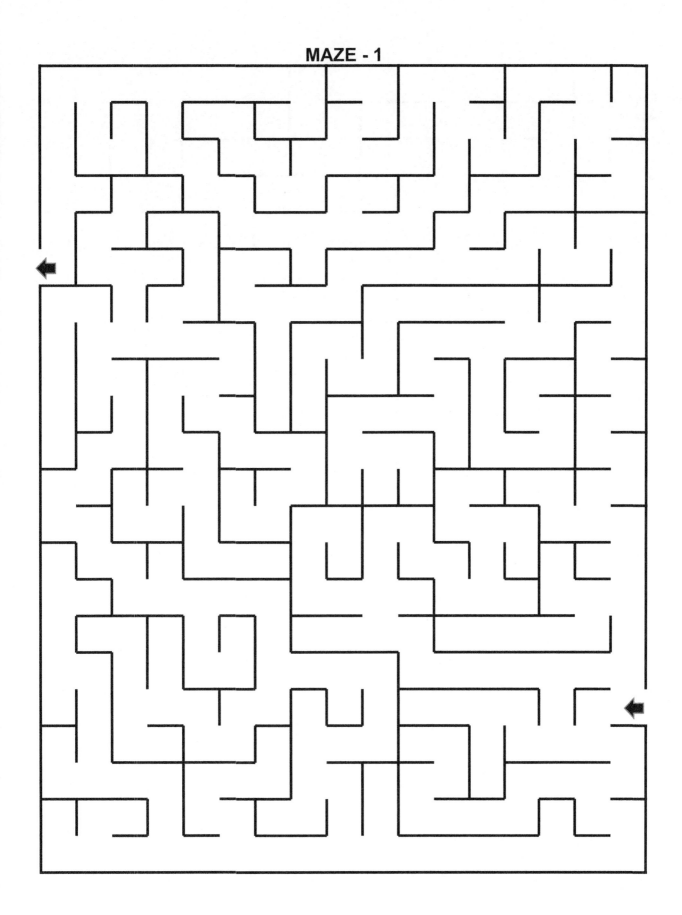

MAZE - 4

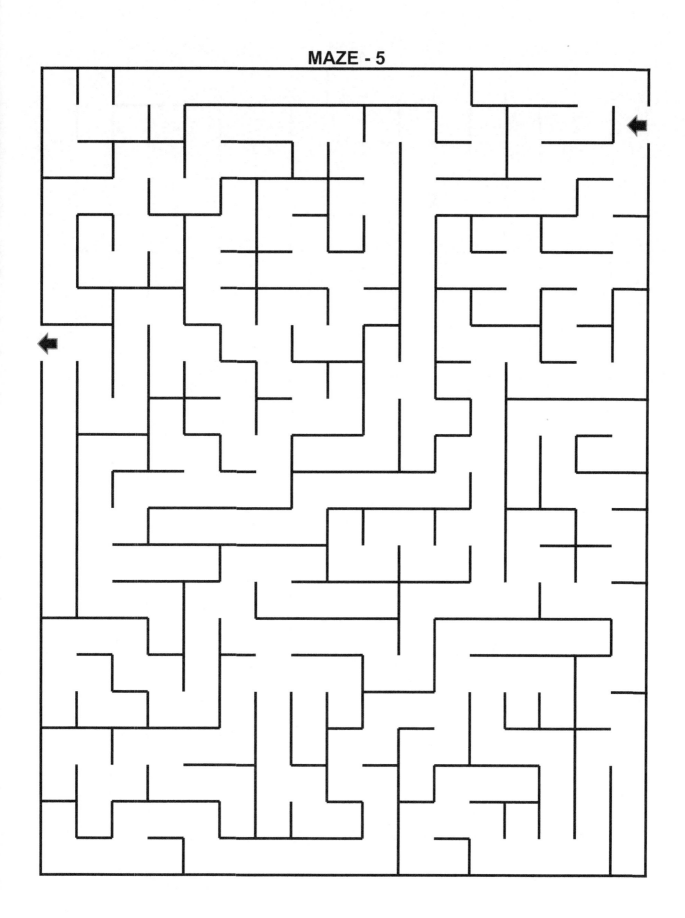

SOLUTIONS

SUDOKU - 1 (Solution)

6	1	8	3	9	2	4	5	7
9	5	7	1	6	4	8	3	2
2	3	4	7	8	5	9	1	6
5	2	6	9	1	3	7	8	4
4	8	3	5	7	6	1	2	9
7	9	1	4	2	8	5	6	3
1	4	5	2	3	7	6	9	8
3	6	9	8	4	1	2	7	5
8	7	2	6	5	9	3	4	1

SUDOKU - 2 (Solution)

1	2	4	7	9	5	6	3	8
3	7	9	8	1	6	5	4	2
6	8	5	3	4	2	7	1	9
7	6	8	1	5	3	2	9	4
5	9	2	4	8	7	1	6	3
4	1	3	6	2	9	8	5	7
9	5	6	2	3	8	4	7	1
2	4	7	9	6	1	3	8	5
8	3	1	5	7	4	9	2	6

SUDOKU - 3 (Solution)

2	3	9	8	5	1	7	4	6
6	5	7	3	4	2	9	1	8
4	1	8	6	9	7	3	2	5
7	6	1	5	3	9	4	8	2
8	2	5	1	7	4	6	3	9
9	4	3	2	8	6	1	5	7
5	7	2	9	1	3	8	6	4
3	9	6	4	2	8	5	7	1
1	8	4	7	6	5	2	9	3

SUDOKU - 4 (Solution)

5	7	2	1	6	3	8	9	4
6	1	4	8	2	9	5	3	7
9	3	8	5	4	7	6	2	1
4	2	1	3	5	8	9	7	6
7	5	3	6	9	2	4	1	8
8	6	9	4	7	1	3	5	2
3	4	6	7	1	5	2	8	9
2	8	7	9	3	6	1	4	5
1	9	5	2	8	4	7	6	3

SUDOKU - 5 (Solution)

8	5	1	3	4	9	7	6	2
6	3	7	8	1	2	5	9	4
9	4	2	6	5	7	1	8	3
1	6	4	2	3	8	9	5	7
2	7	5	9	6	1	3	4	8
3	8	9	4	7	5	2	1	6
7	9	8	5	2	6	4	3	1
5	1	3	7	8	4	6	2	9
4	2	6	1	9	3	8	7	5

SUDOKU - 6 (Solution)

3	6	1	5	9	4	8	2	7
8	5	4	2	1	7	3	6	9
9	7	2	3	8	6	1	4	5
6	2	7	1	5	8	4	9	3
4	8	3	9	7	2	5	1	6
5	1	9	4	6	3	2	7	8
7	9	5	8	4	1	6	3	2
2	4	8	6	3	9	7	5	1
1	3	6	7	2	5	9	8	4

SUDOKU - 7 (Solution)

1	5	9	2	3	6	4	8	7
4	3	2	1	8	7	9	6	5
7	8	6	5	9	4	3	2	1
5	4	8	7	1	9	2	3	6
2	6	7	4	5	3	8	1	9
3	9	1	6	2	8	7	5	4
8	7	4	3	6	5	1	9	2
9	2	5	8	7	1	6	4	3
6	1	3	9	4	2	5	7	8

SUDOKU - 8 (Solution)

8	6	2	1	4	9	3	5	7
4	3	9	7	2	5	1	6	8
7	5	1	6	3	8	4	9	2
3	2	5	9	1	4	7	8	6
1	7	4	8	6	2	5	3	9
6	9	8	3	5	7	2	1	4
2	4	6	5	8	1	9	7	3
5	8	7	2	9	3	6	4	1
9	1	3	4	7	6	8	2	5

SUDOKU - 9 (Solution)

8	4	7	3	5	2	6	1	9
6	2	3	9	1	8	5	7	4
5	9	1	6	4	7	8	2	3
4	5	2	1	8	3	7	9	6
7	6	9	5	2	4	1	3	8
3	1	8	7	6	9	2	4	5
9	8	5	4	7	1	3	6	2
2	7	4	8	3	6	9	5	1
1	3	6	2	9	5	4	8	7

SUDOKU - 10 (Solution)

2	1	5	8	6	4	9	3	7
8	7	9	5	1	3	6	4	2
4	3	6	2	7	9	8	5	1
7	9	1	6	3	8	4	2	5
6	8	4	7	2	5	3	1	9
3	5	2	9	4	1	7	6	8
9	2	8	3	5	6	1	7	4
1	6	7	4	8	2	5	9	3
5	4	3	1	9	7	2	8	6

SUDOKU - 11 (Solution)

3	1	9	7	2	8	5	4	6
4	8	6	1	3	5	7	2	9
7	2	5	4	6	9	3	8	1
6	3	1	9	4	2	8	7	5
9	7	2	5	8	1	6	3	4
5	4	8	3	7	6	1	9	2
2	9	3	6	5	7	4	1	8
8	6	7	2	1	4	9	5	3
1	5	4	8	9	3	2	6	7

SUDOKU - 12 (Solution)

2	5	7	1	4	6	3	8	9
8	1	9	3	2	7	6	5	4
3	6	4	5	8	9	2	7	1
4	9	6	8	3	2	5	1	7
1	8	3	7	9	5	4	2	6
5	7	2	4	6	1	8	9	3
7	2	8	6	1	3	9	4	5
6	4	5	9	7	8	1	3	2
9	3	1	2	5	4	7	6	8

SUDOKU - 13 (Solution)

5	1	7	3	4	2	9	8	6
4	3	8	1	9	6	2	7	5
9	6	2	7	8	5	4	1	3
6	7	1	2	3	8	5	4	9
8	2	4	5	7	9	3	6	1
3	5	9	4	6	1	8	2	7
1	4	6	8	5	3	7	9	2
7	9	3	6	2	4	1	5	8
2	8	5	9	1	7	6	3	4

SUDOKU - 14 (Solution)

8	3	9	2	5	7	4	1	6
1	5	4	6	8	3	9	2	7
6	7	2	9	4	1	5	3	8
5	9	7	4	6	2	3	8	1
3	6	1	8	7	9	2	5	4
4	2	8	3	1	5	7	6	9
9	8	6	5	3	4	1	7	2
2	1	3	7	9	8	6	4	5
7	4	5	1	2	6	8	9	3

SUDOKU - 15 (Solution)

2	8	5	1	3	4	9	7	6
9	3	1	5	7	6	2	4	8
7	6	4	2	8	9	5	3	1
8	4	7	9	1	3	6	5	2
3	9	2	7	6	5	1	8	4
5	1	6	8	4	2	7	9	3
1	2	8	4	9	7	3	6	5
4	7	3	6	5	1	8	2	9
6	5	9	3	2	8	4	1	7

SUDOKU - 16 (Solution)

5	4	1	7	2	8	3	9	6
3	9	6	5	1	4	2	7	8
2	8	7	3	6	9	1	4	5
4	6	2	1	9	7	5	8	3
8	1	9	4	5	3	6	2	7
7	5	3	6	8	2	4	1	9
1	3	4	9	7	5	8	6	2
9	2	5	8	4	6	7	3	1
6	7	8	2	3	1	9	5	4

SUDOKU - 17 (Solution)

5	8	1	3	9	7	6	2	4
7	9	2	1	6	4	5	8	3
6	4	3	8	2	5	9	1	7
3	5	6	4	1	2	7	9	8
9	7	8	5	3	6	1	4	2
2	1	4	9	7	8	3	5	6
1	3	7	2	4	9	8	6	5
4	6	5	7	8	1	2	3	9
8	2	9	6	5	3	4	7	1

SUDOKU - 18 (Solution)

8	3	4	1	2	7	6	5	9
9	6	2	4	5	3	7	8	1
5	7	1	9	8	6	4	2	3
2	4	6	3	1	8	9	7	5
7	5	9	6	4	2	3	1	8
1	8	3	5	7	9	2	6	4
3	9	8	2	6	1	5	4	7
6	1	5	7	9	4	8	3	2
4	2	7	8	3	5	1	9	6

SUDOKU - 19 (Solution)

6	3	9	1	4	5	2	8	7
2	7	1	9	3	8	4	6	5
4	8	5	7	2	6	1	9	3
5	9	4	2	7	3	6	1	8
3	2	8	6	5	1	9	7	4
1	6	7	8	9	4	5	3	2
8	4	6	5	1	7	3	2	9
9	1	3	4	8	2	7	5	6
7	5	2	3	6	9	8	4	1

SUDOKU - 20 (Solution)

8	2	6	9	1	4	7	5	3
4	7	9	8	5	3	6	2	1
5	3	1	7	2	6	9	8	4
1	8	2	4	7	5	3	9	6
6	4	7	3	9	8	5	1	2
3	9	5	1	6	2	8	4	7
9	1	8	2	3	7	4	6	5
2	6	3	5	4	9	1	7	8
7	5	4	6	8	1	2	3	9

SUDOKU - 21 (Solution)

2	1	7	6	5	9	8	4	3
3	6	8	1	7	4	2	5	9
9	4	5	2	8	3	1	6	7
6	2	4	3	1	7	9	8	5
7	8	1	5	9	2	6	3	4
5	3	9	8	4	6	7	2	1
4	9	2	7	3	8	5	1	6
8	5	3	9	6	1	4	7	2
1	7	6	4	2	5	3	9	8

SUDOKU - 22 (Solution)

7	1	6	5	9	3	4	8	2
4	8	2	1	7	6	9	3	5
3	5	9	2	4	8	7	1	6
2	9	5	8	1	4	3	6	7
6	7	8	3	5	9	1	2	4
1	3	4	6	2	7	5	9	8
5	2	7	9	6	1	8	4	3
9	4	3	7	8	2	6	5	1
8	6	1	4	3	5	2	7	9

SUDOKU - 23 (Solution)

3	6	7	9	4	8	5	1	2
9	4	5	6	2	1	3	7	8
8	1	2	5	3	7	6	9	4
2	8	1	4	7	3	9	6	5
6	7	9	8	1	5	4	2	3
5	3	4	2	6	9	7	8	1
7	5	3	1	8	6	2	4	9
4	9	8	7	5	2	1	3	6
1	2	6	3	9	4	8	5	7

SUDOKU - 24 (Solution)

1	2	7	3	9	4	8	6	5
5	3	9	7	8	6	1	4	2
8	6	4	2	5	1	3	7	9
3	8	5	9	7	2	6	1	4
2	7	6	4	1	5	9	3	8
9	4	1	6	3	8	5	2	7
4	9	3	8	6	7	2	5	1
6	1	2	5	4	9	7	8	3
7	5	8	1	2	3	4	9	6

SUDOKU - 25 (Solution)

7	2	6	1	9	8	5	4	3
8	1	4	6	5	3	2	9	7
5	3	9	2	7	4	8	1	6
1	6	8	5	4	7	3	2	9
9	5	3	8	2	1	7	6	4
4	7	2	9	3	6	1	8	5
3	8	5	4	6	2	9	7	1
6	9	1	7	8	5	4	3	2
2	4	7	3	1	9	6	5	8

SUDOKU - 26 (Solution)

6	8	1	9	4	2	3	7	5
7	2	5	3	8	6	9	1	4
4	3	9	7	5	1	2	8	6
9	6	3	5	2	7	1	4	8
1	7	8	6	9	4	5	3	2
5	4	2	8	1	3	7	6	9
8	1	7	2	6	9	4	5	3
2	5	4	1	3	8	6	9	7
3	9	6	4	7	5	8	2	1

SUDOKU - 27 (Solution)

9	4	8	6	7	1	3	2	5
5	3	2	8	4	9	1	7	6
7	1	6	5	3	2	4	9	8
3	5	9	7	8	4	6	1	2
6	7	1	3	2	5	9	8	4
8	2	4	9	1	6	7	5	3
4	6	7	2	9	8	5	3	1
2	9	5	1	6	3	8	4	7
1	8	3	4	5	7	2	6	9

SUDOKU - 28 (Solution)

5	6	1	7	3	4	9	2	8
3	4	2	9	8	5	7	6	1
9	8	7	6	2	1	3	5	4
1	9	8	4	7	2	6	3	5
4	3	6	5	9	8	2	1	7
7	2	5	3	1	6	4	8	9
6	7	4	1	5	3	8	9	2
8	1	9	2	6	7	5	4	3
2	5	3	8	4	9	1	7	6

SUDOKU - 29 (Solution)

5	6	4	9	2	1	7	3	8
9	1	8	5	3	7	6	4	2
3	7	2	4	6	8	9	1	5
7	5	1	8	9	4	3	2	6
8	3	9	6	1	2	4	5	7
4	2	6	3	7	5	8	9	1
2	4	7	1	8	3	5	6	9
6	8	5	2	4	9	1	7	3
1	9	3	7	5	6	2	8	4

SUDOKU - 30 (Solution)

8	4	9	1	5	7	6	2	3
5	1	3	6	9	2	7	8	4
7	6	2	3	8	4	9	1	5
6	8	5	7	4	1	3	9	2
4	2	7	5	3	9	1	6	8
9	3	1	8	2	6	5	4	7
1	9	8	4	7	3	2	5	6
3	5	6	2	1	8	4	7	9
2	7	4	9	6	5	8	3	1

SUDOKU - 31 (Solution)

6	8	1	7	4	5	9	2	3
9	4	7	6	3	2	1	8	5
3	5	2	1	9	8	6	4	7
7	3	5	8	1	4	2	6	9
4	6	9	3	2	7	5	1	8
2	1	8	9	5	6	7	3	4
8	9	6	4	7	1	3	5	2
5	7	4	2	6	3	8	9	1
1	2	3	5	8	9	4	7	6

SUDOKU - 32 (Solution)

2	4	6	7	5	8	3	9	1
1	9	7	4	6	3	5	2	8
3	8	5	9	2	1	7	6	4
6	5	1	2	7	4	8	3	9
4	3	9	5	8	6	2	1	7
7	2	8	3	1	9	4	5	6
8	7	3	1	9	5	6	4	2
9	6	4	8	3	2	1	7	5
5	1	2	6	4	7	9	8	3

SUDOKU - 33 (Solution)

9	3	4	7	5	1	6	8	2
5	2	8	3	4	6	9	1	7
1	6	7	8	9	2	3	4	5
3	5	1	4	8	7	2	6	9
6	8	9	1	2	3	5	7	4
4	7	2	9	6	5	1	3	8
7	9	3	2	1	8	4	5	6
2	1	5	6	7	4	8	9	3
8	4	6	5	3	9	7	2	1

SUDOKU - 34 (Solution)

4	5	6	1	3	7	8	9	2
7	9	8	5	2	6	3	4	1
1	3	2	4	8	9	5	6	7
9	6	5	3	1	2	4	7	8
3	8	1	7	9	4	2	5	6
2	4	7	8	6	5	9	1	3
8	1	4	6	5	3	7	2	9
5	2	3	9	7	1	6	8	4
6	7	9	2	4	8	1	3	5

SUDOKU - 35 (Solution)

5	6	9	1	7	3	4	8	2
3	7	4	5	2	8	9	6	1
2	8	1	4	6	9	7	3	5
9	4	6	8	5	7	2	1	3
1	5	2	6	3	4	8	7	9
7	3	8	2	9	1	5	4	6
4	9	3	7	1	2	6	5	8
6	2	7	3	8	5	1	9	4
8	1	5	9	4	6	3	2	7

SUDOKU - 36 (Solution)

7	2	5	3	6	4	8	9	1
4	8	9	5	1	7	3	2	6
3	6	1	8	9	2	7	4	5
5	1	4	9	3	6	2	7	8
8	9	6	2	7	5	1	3	4
2	7	3	4	8	1	5	6	9
6	4	7	1	2	8	9	5	3
9	5	8	7	4	3	6	1	2
1	3	2	6	5	9	4	8	7

SUDOKU - 37 (Solution)

6	4	9	2	1	7	5	8	3
2	8	3	9	4	5	7	6	1
1	7	5	3	8	6	4	9	2
9	1	7	8	2	3	6	4	5
3	6	8	4	5	9	1	2	7
5	2	4	7	6	1	8	3	9
4	5	6	1	9	2	3	7	8
7	9	1	6	3	8	2	5	4
8	3	2	5	7	4	9	1	6

SUDOKU - 38 (Solution)

4	8	7	2	6	1	5	9	3
6	1	3	7	5	9	2	8	4
5	2	9	8	3	4	6	1	7
2	7	1	5	9	3	8	4	6
8	3	6	1	4	2	7	5	9
9	5	4	6	7	8	1	3	2
7	9	5	4	1	6	3	2	8
1	4	2	3	8	7	9	6	5
3	6	8	9	2	5	4	7	1

SUDOKU - 39 (Solution)

6	1	3	5	2	8	7	4	9
2	7	4	9	3	6	5	1	8
9	8	5	4	7	1	3	6	2
5	2	6	3	4	9	1	8	7
7	4	1	2	8	5	6	9	3
3	9	8	6	1	7	2	5	4
4	3	9	1	6	2	8	7	5
1	5	7	8	9	3	4	2	6
8	6	2	7	5	4	9	3	1

SUDOKU - 40 (Solution)

9	3	6	7	1	5	4	2	8
5	7	1	4	8	2	6	9	3
4	8	2	3	9	6	7	5	1
2	5	7	1	3	8	9	6	4
3	6	4	9	2	7	8	1	5
1	9	8	6	5	4	3	7	2
8	4	5	2	6	9	1	3	7
6	2	3	8	7	1	5	4	9
7	1	9	5	4	3	2	8	6

SUDOKU - 41 (Solution)

2	1	3	9	7	6	4	5	8
5	6	4	2	1	8	3	7	9
7	9	8	3	5	4	1	6	2
8	5	2	7	6	1	9	4	3
4	3	6	5	2	9	8	1	7
1	7	9	4	8	3	5	2	6
3	8	7	6	4	5	2	9	1
6	4	1	8	9	2	7	3	5
9	2	5	1	3	7	6	8	4

SUDOKU - 42 (Solution)

3	5	8	1	7	9	2	4	6
7	4	6	2	8	3	1	5	9
1	2	9	4	6	5	3	8	7
6	8	1	3	2	7	5	9	4
9	3	4	8	5	6	7	2	1
2	7	5	9	1	4	6	3	8
4	6	2	7	3	8	9	1	5
8	1	7	5	9	2	4	6	3
5	9	3	6	4	1	8	7	2

SUDOKU - 43 (Solution)

3	7	4	6	5	2	9	8	1
2	5	6	8	1	9	4	7	3
9	8	1	3	7	4	5	2	6
7	3	5	2	4	8	1	6	9
6	4	9	7	3	1	2	5	8
8	1	2	5	9	6	3	4	7
1	9	8	4	6	5	7	3	2
4	2	3	9	8	7	6	1	5
5	6	7	1	2	3	8	9	4

SUDOKU - 44 (Solution)

2	6	3	1	4	7	8	9	5
5	8	9	6	3	2	1	7	4
7	4	1	9	8	5	2	3	6
3	5	7	4	1	6	9	8	2
1	9	4	7	2	8	5	6	3
6	2	8	3	5	9	4	1	7
9	3	2	8	7	4	6	5	1
4	7	6	5	9	1	3	2	8
8	1	5	2	6	3	7	4	9

SUDOKU - 45 (Solution)

7	4	2	6	8	3	1	9	5
1	9	3	7	4	5	8	2	6
6	8	5	2	9	1	3	7	4
2	7	1	9	6	4	5	3	8
9	5	4	8	3	2	7	6	1
3	6	8	5	1	7	2	4	9
5	3	6	1	7	9	4	8	2
8	2	7	4	5	6	9	1	3
4	1	9	3	2	8	6	5	7

SUDOKU - 46 (Solution)

4	5	2	9	6	8	3	1	7
8	7	1	5	3	2	4	9	6
9	6	3	4	1	7	5	8	2
1	9	8	2	5	6	7	3	4
3	2	7	8	4	9	1	6	5
5	4	6	3	7	1	8	2	9
6	3	9	7	8	4	2	5	1
2	8	4	1	9	5	6	7	3
7	1	5	6	2	3	9	4	8

SUDOKU - 47 (Solution)

5	9	1	4	3	8	2	6	7
7	2	3	5	9	6	1	4	8
4	8	6	2	7	1	5	3	9
8	7	4	9	1	5	6	2	3
6	1	2	8	4	3	9	7	5
3	5	9	6	2	7	8	1	4
9	3	7	1	5	2	4	8	6
1	6	5	3	8	4	7	9	2
2	4	8	7	6	9	3	5	1

SUDOKU - 48 (Solution)

4	7	9	6	3	1	2	5	8
6	8	2	9	5	7	1	3	4
5	3	1	8	4	2	7	6	9
7	9	3	5	6	8	4	1	2
8	1	4	3	2	9	6	7	5
2	6	5	7	1	4	9	8	3
9	5	6	4	7	3	8	2	1
1	4	7	2	8	5	3	9	6
3	2	8	1	9	6	5	4	7

SUDOKU - 49 (Solution)

8	9	6	4	2	1	7	3	5
5	3	7	6	9	8	2	1	4
2	4	1	3	5	7	6	9	8
9	6	2	7	1	4	8	5	3
7	8	3	9	6	5	1	4	2
1	5	4	2	8	3	9	7	6
3	1	5	8	7	2	4	6	9
4	2	9	1	3	6	5	8	7
6	7	8	5	4	9	3	2	1

SUDOKU - 50 (Solution)

7	2	4	6	1	8	9	3	5
8	9	6	3	4	5	2	7	1
3	1	5	9	7	2	6	8	4
2	6	8	7	3	4	1	5	9
9	3	1	2	5	6	7	4	8
5	4	7	1	8	9	3	2	6
4	7	9	5	2	1	8	6	3
1	8	2	4	6	3	5	9	7
6	5	3	8	9	7	4	1	2

SUDOKU - 51 (Solution)

5	2	7	1	8	4	3	9	6
6	8	4	2	3	9	5	7	1
9	1	3	6	5	7	8	2	4
2	4	8	7	1	3	6	5	9
1	7	5	4	9	6	2	3	8
3	9	6	5	2	8	1	4	7
4	5	1	9	6	2	7	8	3
7	3	2	8	4	1	9	6	5
8	6	9	3	7	5	4	1	2

SUDOKU - 52 (Solution)

2	4	8	7	3	9	5	6	1
3	7	9	5	6	1	4	2	8
5	6	1	2	4	8	7	9	3
1	3	6	4	9	5	2	8	7
4	5	2	3	8	7	9	1	6
8	9	7	1	2	6	3	5	4
6	2	5	8	7	3	1	4	9
7	8	4	9	1	2	6	3	5
9	1	3	6	5	4	8	7	2

SUDOKU - 53 (Solution)

3	1	9	2	6	5	4	7	8
2	7	4	3	8	9	1	5	6
8	5	6	1	7	4	3	9	2
4	3	5	6	1	8	7	2	9
7	6	1	5	9	2	8	4	3
9	8	2	4	3	7	5	6	1
1	9	3	7	5	6	2	8	4
6	2	7	8	4	3	9	1	5
5	4	8	9	2	1	6	3	7

SUDOKU - 54 (Solution)

3	2	1	5	4	8	7	9	6
9	7	4	6	3	2	1	8	5
6	5	8	7	9	1	2	3	4
8	6	2	4	5	7	3	1	9
4	9	3	8	1	6	5	2	7
7	1	5	9	2	3	4	6	8
5	3	7	1	6	9	8	4	2
1	4	6	2	8	5	9	7	3
2	8	9	3	7	4	6	5	1

SUDOKU - 55 (Solution)

8	3	6	5	2	7	9	1	4
1	2	7	3	9	4	8	5	6
4	9	5	6	8	1	3	7	2
2	1	8	7	4	5	6	3	9
6	5	4	8	3	9	7	2	1
9	7	3	2	1	6	5	4	8
3	6	9	4	5	2	1	8	7
5	4	1	9	7	8	2	6	3
7	8	2	1	6	3	4	9	5

SUDOKU - 56 (Solution)

3	5	2	9	6	8	1	7	4
4	8	7	5	1	3	2	6	9
6	1	9	7	4	2	5	3	8
9	4	1	2	7	5	3	8	6
7	6	5	8	3	4	9	1	2
2	3	8	1	9	6	7	4	5
1	7	6	4	2	9	8	5	3
5	2	3	6	8	1	4	9	7
8	9	4	3	5	7	6	2	1

SUDOKU - 57 (Solution)

6	1	3	4	9	2	5	8	7
9	8	2	3	7	5	6	4	1
4	5	7	8	6	1	9	2	3
8	7	4	9	2	3	1	5	6
2	6	1	5	8	7	4	3	9
3	9	5	6	1	4	8	7	2
5	4	9	7	3	6	2	1	8
7	2	6	1	4	8	3	9	5
1	3	8	2	5	9	7	6	4

SUDOKU - 58 (Solution)

2	3	7	9	8	5	6	1	4
5	9	6	1	7	4	3	8	2
4	8	1	2	3	6	5	7	9
9	7	8	5	2	3	4	6	1
3	1	5	4	6	7	2	9	8
6	2	4	8	1	9	7	5	3
7	6	9	3	4	1	8	2	5
1	4	2	7	5	8	9	3	6
8	5	3	6	9	2	1	4	7

SUDOKU - 59 (Solution)

1	8	7	6	9	3	4	2	5
3	6	5	4	2	7	9	8	1
9	4	2	1	5	8	7	6	3
6	3	9	7	4	5	8	1	2
7	1	4	2	8	6	3	5	9
5	2	8	3	1	9	6	7	4
4	5	3	8	6	2	1	9	7
2	7	6	9	3	1	5	4	8
8	9	1	5	7	4	2	3	6

SUDOKU - 60 (Solution)

2	5	4	7	3	1	6	8	9
3	7	6	5	8	9	1	4	2
8	1	9	6	4	2	7	3	5
4	6	3	8	9	7	2	5	1
9	2	5	4	1	6	8	7	3
1	8	7	3	2	5	4	9	6
5	3	1	2	7	8	9	6	4
6	9	8	1	5	4	3	2	7
7	4	2	9	6	3	5	1	8

SUDOKU - 61 (Solution)

4	5	2	1	8	6	3	7	9
6	1	3	4	9	7	2	8	5
9	8	7	5	3	2	4	1	6
1	4	9	6	5	3	8	2	7
3	6	8	7	2	9	1	5	4
7	2	5	8	1	4	9	6	3
2	9	1	3	6	5	7	4	8
8	7	6	9	4	1	5	3	2
5	3	4	2	7	8	6	9	1

SUDOKU - 62 (Solution)

6	1	8	9	5	4	3	7	2
3	5	7	6	2	8	9	4	1
2	4	9	1	7	3	6	8	5
8	2	1	4	6	9	5	3	7
9	3	5	2	8	7	1	6	4
7	6	4	3	1	5	8	2	9
4	7	3	5	9	6	2	1	8
1	9	6	8	4	2	7	5	3
5	8	2	7	3	1	4	9	6

SUDOKU - 63 (Solution)

6	2	8	4	5	7	1	9	3
1	7	4	8	9	3	2	6	5
5	9	3	2	1	6	4	7	8
9	4	5	1	2	8	6	3	7
3	6	2	9	7	5	8	1	4
7	8	1	3	6	4	9	5	2
2	5	7	6	8	9	3	4	1
8	3	6	5	4	1	7	2	9
4	1	9	7	3	2	5	8	6

SUDOKU - 64 (Solution)

3	4	6	7	5	1	2	8	9
5	8	1	9	2	6	7	4	3
7	9	2	4	3	8	1	6	5
1	2	9	5	6	7	8	3	4
8	5	3	2	4	9	6	7	1
4	6	7	8	1	3	5	9	2
6	1	4	3	7	5	9	2	8
9	3	5	6	8	2	4	1	7
2	7	8	1	9	4	3	5	6

SUDOKU - 65 (Solution)

2	1	5	6	4	8	7	9	3
7	3	9	5	2	1	6	8	4
4	6	8	7	3	9	5	2	1
3	9	2	8	7	5	1	4	6
5	8	4	1	6	3	2	7	9
1	7	6	4	9	2	8	3	5
6	2	1	9	8	4	3	5	7
8	4	7	3	5	6	9	1	2
9	5	3	2	1	7	4	6	8

SUDOKU - 66 (Solution)

6	1	7	8	3	9	4	5	2
2	9	8	1	4	5	6	3	7
4	3	5	2	7	6	8	1	9
8	5	3	7	2	4	9	6	1
7	2	4	9	6	1	3	8	5
9	6	1	3	5	8	7	2	4
1	4	2	6	9	3	5	7	8
3	8	9	5	1	7	2	4	6
5	7	6	4	8	2	1	9	3

SUDOKU - 67 (Solution)

8	7	2	6	1	5	4	9	3
6	3	5	9	2	4	8	7	1
4	1	9	7	3	8	6	2	5
3	6	4	1	7	2	9	5	8
1	9	7	5	8	3	2	6	4
2	5	8	4	9	6	1	3	7
9	2	3	8	4	7	5	1	6
5	4	1	3	6	9	7	8	2
7	8	6	2	5	1	3	4	9

SUDOKU - 68 (Solution)

9	7	2	6	8	4	1	3	5
4	6	3	7	5	1	9	8	2
5	1	8	9	3	2	4	6	7
1	3	7	5	9	6	2	4	8
8	9	4	3	2	7	6	5	1
2	5	6	1	4	8	3	7	9
3	8	1	2	6	5	7	9	4
7	4	9	8	1	3	5	2	6
6	2	5	4	7	9	8	1	3

SUDOKU - 69 (Solution)

2	5	1	6	9	7	3	4	8
4	6	7	3	5	8	2	9	1
8	3	9	1	2	4	6	7	5
1	2	5	7	4	3	9	8	6
9	4	8	2	6	1	5	3	7
3	7	6	5	8	9	4	1	2
5	8	3	4	1	6	7	2	9
7	9	2	8	3	5	1	6	4
6	1	4	9	7	2	8	5	3

SUDOKU - 70 (Solution)

5	8	3	1	2	7	6	9	4
4	9	1	3	6	5	2	8	7
7	2	6	4	8	9	1	5	3
2	6	5	9	7	1	4	3	8
3	7	8	5	4	2	9	1	6
9	1	4	6	3	8	5	7	2
6	5	2	8	1	3	7	4	9
1	3	7	2	9	4	8	6	5
8	4	9	7	5	6	3	2	1

SUDOKU - 71 (Solution)

1	5	2	8	7	9	4	6	3
3	9	8	4	5	6	7	2	1
6	4	7	3	2	1	9	8	5
2	8	5	1	6	7	3	4	9
4	1	9	5	3	8	2	7	6
7	3	6	2	9	4	5	1	8
5	2	1	7	8	3	6	9	4
8	6	3	9	4	2	1	5	7
9	7	4	6	1	5	8	3	2

SUDOKU - 72 (Solution)

5	6	4	9	8	1	7	3	2
2	8	1	3	5	7	9	6	4
3	9	7	4	6	2	5	8	1
6	4	5	2	9	3	8	1	7
1	2	3	7	4	8	6	9	5
9	7	8	5	1	6	4	2	3
8	5	6	1	3	4	2	7	9
4	3	2	6	7	9	1	5	8
7	1	9	8	2	5	3	4	6

ASSORTED ADJECTIVES #1 (Solution)

```
D E R R G X P R Q B W H S N M
L U Q O E W D L V N U A C J I
G R C T I C A T D S Y F H T L
N T P Y D U A G K T T E P D S
F W S V A L P Y L S C A V I L
V H O L G U A A Z H C H M C X
J T I R H R S N Q Y H E G K R
Q K Q Z B S E O A M H A A Q E
E A L B I W R A T M R D H I B
K E E M N D N A T H O D S Z W
K A P U T S T V H B G F U Y F
M K C I U Q P M T S F I E T P
S V G E G P Q D E X I F E S A
Z K F D H E V I L A U E V A O
H F A N E E K J Q Q B V I T V
```

HARSH	MEEK	SLIM
ALIKE	EIGHT	TACIT
HUSKY	GREAT	TRUE
KAPUT	KEEN	GAUDY
FIXED	SALTY	ALIVE
TASTY	SHY	AHEAD
BROWN	QUICK	

94

ASSORTED ADJECTIVES #2 (Solution)

```
L S T F L A T W T E E K N L G
E A A M B J D K E H G I H T A
N D F U U O N U N K Z R M H R
O H S M L O P E S E U W I I Z
B Y P O W Q F W E H F D B N D
Z Y N N K A Q S S C X I G T W
V G R U L I E M A S G Z N F Z
F E K S R W E Z A E O T I L I
C C E D F E L A J L Q O Y T J
A R R K R M K V Y U P U L H C
Y L R U C U H A S P T G Q C E
F R N W V V N V W A P H Q Z F
H W Q U U G K K D A Z A W M C
M E A T Y I A Q E S X H N T D
P B X D H C G P C P P V X O R
```

CURLY	NAPPY	MEATY
KNOWN	HIGH	BIG
DRUNK	LONG	AWAKE
THIN	LYING	ONE
SAME	TENSE	FLAT
BUSY	SAD	JUMPY
TOUGH	FALSE	

ASSORTED ADJECTIVES #3 (Solution)

```
R I G T F T F E P I R X U X G
L F H S P V Q N I N E U H N N
I B E A L R P F A I E T C K I
G D M P A U B V D R S X Z A Y
H I B E N B B V U A B Q P B L
T X R S T X Q P L Y K C A T Q
Q J A C R M M S L C U R L Y L
O T F R A X R H M V Q U G L Z
R B R D E N V O V S M A L L Q
D C M E D B B R M X F S U T V
Z Y N F P W E T D T W T J H W
A M L N B T P L T E E O Q R T
D C T L L V A D D W A T L E F
G J X Z I B S W I F T W L E T
U K D E J S O M F L E Z X B D
```

LOW	NINE	REBEL
MAD	SWIFT	LAST
SMALL	RIPE	PLANT
TACKY	WET	LIGHT
SHORT	CURLY	PURE
FAR	THREE	LYING
SILLY	PAST	

ASSORTED ADJECTIVES #4 (Solution)

```
P Y R F V F D E T I H W C M I
L O T J X A U Z D Z G O A T I
A T M S S X S Z R X F T F B B
I J A B E V P T Z A N Q D P O
N W V C B Z L B P Y E L R K R
E Z H F K Z C O O T Q N A N E
P X S E N Y A G P C W W H F D
O V B I F G I D F R N N I H T
U Q L R D E S U J A K F K N P
L D G B H O F B X F L Q O F S
B Z N H A Q P W I J S D C B
O L U K H O L D X B F M E D R
P E N V Z F X F I T N X I M O
D A R K A M A G Z C M D R E V
G B U M A C H O X K A P U T A
```

USED	KAPUT	HARD
FALSE	ODD	BRIEF
MACHO	BORED	TACKY
NEAR	VAST	WHITE
ZESTY	HALF	PLAIN
DARK	THIN	FUZZY
FAR	ACID	

ASSORTED ADJECTIVES #5 (Solution)

```
O  D  L  D  Y  K  L  I  S  H  B  X  B  R  Z
G  C  I  R  U  I  L  A  G  E  L  A  O  R  L
B  D  E  X  X  E  V  I  F  N  K  H  J  I  B
E  H  R  I  A  F  A  G  P  C  W  N  N  T  U
F  M  Q  T  N  F  T  F  I  P  Q  C  H  Z  Q
A  X  L  E  I  H  Z  Z  D  E  M  A  S  Y  S
E  R  N  A  G  V  I  E  H  X  T  C  T  X  Z
Q  C  B  I  C  D  U  O  V  A  L  N  Y  K
F  R  R  U  I  A  F  S  L  V  S  A  J  K  C
R  L  U  S  F  H  E  H  Z  W  E  B  U  S  P
O  S  A  O  R  I  G  U  Y  Z  C  A  N  U  I
Y  B  S  O  F  T  S  T  K  F  I  F  C  H  G
A  A  A  R  Q  K  C  F  C  N  N  T  M  F  B
L  O  C  T  O  U  G  H  A  R  N  W  Z  Q  I
S  K  B  Q  B  V  L  I  W  U  S  L  I  M  C
```

TOUGH	LEGAL	FIVE
CALM	SAME	HUSKY
ROYAL	NICE	FADED
ABAFT	SOFT	RITZY
FAIR	BASIC	RIGHT
SILKY	SLIM	WACKY
SHUT	OVAL	

ASSORTED ADJECTIVES #6 (Solution)

```
J G E I W N S A P N K L D W K
Y K L I S F Z S M Z Z S H Z Q
L O A B R U Q Z A A M Y S U B
F D T M O M Q X F A L G Q H S
N R S J Q Q Q D R S S E T O A
I W K C I U Q T G Y T E R K M
T W E D Q M C F Z P C D J T E
X T F T Z H L E T M N I L Q D
M R A W V K T S L U G L U R J
W J Y P L W X E O A U W I J O
T B K X C E X R I N M Z A U Y
N T I E Y K X R E U L B F T K
I C P A N A A W N I Q B A K S
A D S S A W R E A L K J S G U
F S Q M M A S W C Z K A W G H
```

JUICY	WET	FAINT
ROUND	QUIET	AWAKE
BUSY	MANY	NULL
HUSKY	MALE	SAME
REAL	SILKY	ALERT
SPIKY	STALE	WARM
QUICK	SMART	

ASSORTED ADJECTIVES #7 (Solution)

```
F M A G B H X F S X W N G J E
R E D U U A Q Y D F E I K O U
X E R F D L Q H F E A N Q D D
B L I S R F Q C E N R P Z B H
Y U A L I Q Z T T D Y I C C M
R O F E H G K I Z D M D T E E
B G F U T M S N R N F F S J T
C J R R Q X G Z O R S O B I I
R Q C C U W P H A W O M E J L
O G N O R W K E L L N L G B E
E U J L U W D F W I O O B A T
U S A R A I N Y A J B S E F D
E P T X J E E N I C E G D O
W Y C N A F I F D K E E N B P
U U L T R A A T M F D C X T W
```

DEAR	FAIR	TIRED
RAINY	KNOWN	WEARY
KEEN	CRUEL	WRONG
NICE	ITCHY	HALF
BURLY	ELITE	THIRD
FANCY	TABOO	ULTRA
GIANT	LOOSE	

100

ASSORTED ADJECTIVES #8 (Solution)

```
X C I S A B H D Z I P P Y M I
V T H I R D K P E V L A C W K
N N S T E E P J L L J D C K C
Y W L L A T C T B P B T K F A
D R H B J F T K P Z A A L N U
D B E X D R U N K U C P F S Q
U F S I K Q S K U S P I C Y B
R Z K C T S A I C Y L D A M W
Y O A Z C F D E R P V M S A Z
V B L D U L P J U T A M E P B
A X B R U M A S X A H E F B W
K W R A D T H E V R Z S N C P
X Y Q L G Y G Z R F N E H E L
Z C J Z V W I T X E N B D E N
V U I V X I R O N I M O Q J F
```

SPICY	OBESE	REAL
FURRY	RUDDY	ABLE
ABACK	BASIC	PUSHY
DRUNK	NEXT	MADLY
STEEP	TALL	THIRD
GABBY	MINOR	TAME
QUACK	ZIPPY	

ASSORTED ADJECTIVES #9 (Solution)

```
D S Q K Q D W H H V P U Q A X
R T I C A T S B L E M W U B Z
N C S K Q U U O L R R T W T P
T U E K I W O S J N D V K W B
D T Z K I C F O A M Y E F E I
D E R E L B A S W F V A I T G
O C S V J D U H K I W O V M I
M A F Z A D E R A R O U E Q D
B L Q G R R K N T S B M V X D
B K C Y R O A D R T Y T X O Y
Y L L O J E W J O R R N T J U
D T R A M S A F A L E A F I D
L X L F R P T T K R V I I D P
G W W S D I S O U U E G W A F
X D M G C R U R O K I G S I M
```

SMART	SABLE	FIVE
AJAR	FOAMY	COOL
GREAT	FIRST	EVERY
ODD	GIDDY	TACIT
DRY	NAIVE	AWAKE
SWIFT	GIANT	WET
CUTE	JOLLY	

ASSORTED ADJECTIVES #10 (Solution)

```
S O G G Y Z O O L T H C P S O
P N X E B O R E D A R R K T H
V E R R P S T P D I U Z L E C
G M P R U G I K L A M Q Z S A
M U U X J D P O R A O P E T M
U K O S W A D S C A I O C Y C
G O W P H E Z Y P U D N N M D
E T H N V Y R Z R I C X R R A
H D R A H T U O Y A K N W D B
H G X G I B U T C E C Y E O N
D D O L L G D V Y J E P H V R
A I M C H T Z M G X N J H I E
O N E W W O G Q N P H I Z G S
R A F G V V L P A F M E H R G
B M F U Q W Q H T M A G W T D
```

RUDDY	PLAIN	EVEN
SPIKY	DARK	SOGGY
BROAD	BORED	TESTY
ROUGH	BIG	MACHO
THIN	TANGY	BAD
JAZZY	EQUAL	NEW
HARD	MUSHY	

ASSORTED ADJECTIVES #11 (Solution)

```
H C K O X F A L S E Y N U L T
S K R N G A T E I U Q D S E A
S T C I A F M P O H R Q N F Z
P W D T M E B G R T P B K A J
R D Q R J G L Z H A F N D B H
Y T C I U D H G V N H O B E R
I A I T I G I P Y L N S T Q L
V H Y Z C R E N E Q K I F V T
A A P Y Y E E G B C H V A O O
S Y P T T E A M D W N A I S T
B L A S T L E Y T T U N N E G
W G N U G K N L D L J E T J T
D U K N O F T R S K U X L T Z
F B W K I S S A S H O T S W K
A S V Q C N F E Q U I C K P D
```

GIDDY	LEAN	QUICK
FALSE	JUICY	NAPPY
NUTTY	LEGAL	UGLY
RIGHT	TEENY	QUIET
NEXT	HANDY	FAINT
EARLY	RITZY	STEEP
WHITE	SHARP	

ASSORTED ADJECTIVES #12 (Solution)

```
C G W A W A K E X H B H F P H
V L A Z V L N M E E K A V P I
P F W I S J D I E F K I Z O J
F E F B T B Q U P T A E N J F
D I U H C R G U O P G G S Q A
Y R L T X U A K A L Y W N F Z
L B R P R E I T E C I L K S K
I B S R H P U F U F K E U C C
A D O Y R D R N T C H W I M O
D E L W E F P X V O M D B G V
J D I A K N O W N O A W E V E
Q O D P B V C M E A T Y B M R
Z F M M W L Z T G G W Z X N T
P E I H H H E I Y F F A D F F
C L E A R D G T L N K V T H U
```

NEAT	AWAKE	CLEAR
KNOWN	DRY	SOLID
AWFUL	NIPPY	DAFFY
OVERT	QUACK	SWIFT
ABLE	BRIEF	LOUD
MEATY	DAILY	MEEK
TART	LEWD	

FIND THE NUMBERS
Puzzle # 1

5				8	1	8	1	4	0					
0				2	0	7	3	8	0	4				
6		0	0	4	7	1	0		8		1			
7	9		8				0	7			9			
4	3	4	1	5	0	7	8	0	4	7	0	3	4	1
0		4	2	0	0	3			0	0				2
0			5	0	4	6	2		0		3			
3				9	2	1		4	3			0	2	
0	1	0	4	3	0	2	0		7				8	
9	4	3	3	4	0	1	0	3		6			0	
0	0	4	8	9	2	0	4	7	8	4	3	0	0	8
0	8	1	4	0	0	9	1	8	5	4	7	9	4	
1	0	1	1	4	5	4	9	3	4	2			3	
1	0	6	4	0	1	4	9	9	4					
				4	0	0	7	3	4	3	8	3	4	

FIND THE NUMBERS
Puzzle # 2

			8	4	1	5	8	2	3	8	7	5		
	4	7	0	8	8	4	7	5				7	5	
		4	9	7	4	1	4	5				8	7	
			5		9		4					4	8	
	5	5		7			3	9				7	1	
	4	7			8		7	4	4	0	7	5	8	8
	2	4	5			3		3	9			7	9	1
5	4	1	7	5	5		2	9		4		4	8	4
7	7	8	4	3	4	8	9	8	8	4	5	5	4	6
4	5	5	9	8	8	5		0	5		4	8	8	4
5	0	8	0		8		0	1		1	2	1		
4	1	2	3		9	0		1			4	4		
0			8		8		7		0		7	3		
3			2		1			5		7				
3	9	3	4	3	4	2	4	7	5					

FIND THE NUMBERS
Puzzle # 3

8	2	9	3	8	4	5	2	4	1	1	4	7		
0	4			1	1	8	0	7	9	4	8	7	4	7
1	9		5	1	8	0	9	9	0	2				
9	2		0	0	3	3	0	1						
7	4		2	4		2	7	0	0					
0	7		5	1			4	0	4	2				1
3	4		0	4			3	6	9	0				4
2	4	7	2	1			8	3	6	0	4			0
	8	7	8	1			7		0	4	1	4		1
		7	9	5			4			8	7	5		4
		9	7	5	5	8	3	4	7	0	3			7
			8	5	2		3	8	4	1	3	0		2
				0	4	0	0							8
5	7	0	8	7	8	4	7	2						9
			1	1	8	7	0	2	0	7				4

FIND THE NUMBERS
Puzzle # 4

					7	4	3	4	4	1	8	2		
				3	0	4	2	8	2	0	9	9	8	
			7											
			1	4	0	7	5	0	7	2	4	1	1	2
3	8	2	4	1	4	0	8	3	2	0	3		7	0
7	4	1	0	4	2	4	0	2	0	9		7	4	7
	7	8	8	3	7	4	2	4	8	1	1	0	1	6
4	3	7	4	1	4	8	4	7				2	4	4
				0								7	1	9
8	8	1	0	3	4	3	0	9				4	2	7
	8	8	1	0	5	8	8	7	4	7		1	8	4
		4	3	8	8	2	8	9	7	2	1	1		
4	9	9	4	1	1	4	2	8	3	4	9	0	8	1
	6	4	2	2	0	2	0	7	3	7	4	8		
2	8	7	0	3	3	0	4	9	9	4	3	3	4	

FIND THE NUMBERS
Puzzle # 5

	7	8		8	8	1	0	3	3	0	8	4	4	9
8		4	4		8	2								
9	3	8	8	9	7	4	0	0				8		
4	4	0	9	8	4	4	7	1	8				7	8
0	8	0	4	4	1	1	4	3	1	1			4	3
6	0	9	2	9	6	3	1	3	4	8	0		1	4
7	0	8	7	0	3	3	0	4	4	1	4	5	1	0
8	9		3	4	9	4	8	8	9	8	5	8	8	0
0	4		4	0	3	8	7			9	5	0	4	
8	8			7	8	8	8	4	0	5	0	8	7	
3	7			9		9	0	1			9	8		
8	4					0	8	1						
	4	8	5	4	9	0	2	4	2	8		8		
	8			9	0	3	0	9	4	5	8			
			9	4	7	7	4	2	1	4	9	7		

FIND THE NUMBERS
Puzzle # 6

	1	8	8	4	3	4	7	4	0	7	9			
		7	4	0	9	7	4	3						
7	0	8	9	0	1	4	5			3				
		9	8	7	8	5	8	2	4	3				
	4	9	8	1	8	9	5	0	2				4	
2	7	4	4	1	8	0	3	2	9	0	0	7	4	7
3	7	0	2	9	8	0	4			9	2	9		3
8	4	9	0	9	0	9	8			4	7	4	2	8
2	4	0	3	9	7	8	4	8		3	4	7	8	3
8			5	4	0	7	4	3	7	0	8	0		
3	3			1			2	0	8	2	3			
	7	4		3	4	7	7	9	4	7	1	0	7	2
	4	1	4	8	8	2	4	7	5	8	1	8	4	
	2	8	7				2	4	4	8				
		8	3	8	0	9	3	0	4	2	5			

FIND THE NUMBERS
Puzzle # 7

3			7			7	4							
2	0			4			4	2			0			
	4	8	5	4	8			9	8		2			
		7	2	8	2	8			8	1	2			
			4	8	7	3	0			3	4			
				3	9	4	0	7			0	5		
					4	8	5	7	5			3	0	
						7	8	8	0	5	9			
							4	6	6	8	0			
								8	4	7	3			
									8	1	9	8		
			3	4	9	4	2	9	8	1	4		4	
				5	0	3	3	7	0	8	8	4	7	
												8		
														0

FIND THE NUMBERS
Puzzle # 8

			3	4	6	0	1	7	2	8	4	6		
1	4	7	9	8	1	6	4	3	4	3	0	4		
1	4	7	5	0	7	7	4	3						
4	9	4	9	4	3	7	4	8	2	7			9	
7	9	7	2	8	8	4	6	3	0			5	7	
3		7			2	3				0	0	6		
8	4		2		0		3		5		5	2	4	
2		3		8		1		8	1		1	7	5	
7			1		7	9			4		0	9	0	
9			4	7	7	4	1	4	3	7	5	2	4	7
4				4	3	6	0	3	4	2	7	9	7	
	1	9	7	7	0	9	8	7	4	3	6	9		4
	4					8					7		3	
	1	4	1	4	3	3	4	7			4			
9	5	9	4	8	7	4	1		6				2	

FIND THE NUMBERS
Puzzle # 9

8		7	4			5								
3		2	0	8	3	4	2	4	8	8	9	0	7	8
9		7	0	8	2	4	7	5	8	4	3			0
4	3	8	0	1	9	0	7	8		9				9
7		8	3	2	2	8	6	0	7		4			0
5	9		1	9	1	4	0	0	3	4		9		7
7	7			0	0	0	9	6	4	8	5		0	0
4	0	8			2	7	2	4	3	0	2	4		7
9	3	8	9			8	8	4	7	0	7	7	7	
0	0		6	8		0	3	0	7	6	0	8	4	5
7	2			4	2		2	0	7	4	3		4	9
	8		3	4	1	4	6	0	7	1	8			
	7				4	7		1	8	2				
		7	4	1	0	5	3	0	7	0	0			
			4	8	2	7	0	9	0	7	7			

FIND THE NUMBERS
Puzzle # 10

	1						9						
6	0	0	1	0	2	1	4		0				
		3	8	6	4	0	4		2				
		3	2			8			1				
3		4	7	4	2	7	9	0	4	3	4		
		8	8	8	2	0			2			0	
		3	4	5		7		3		1			7
		8	1	0		0	7	8	9	0	0	6	
		4	0	2				6		8			
		3	1	1	0				0		8		
		9		0	2	0				7			
		7			3	4	0	9	8	9	8		
		4			3	2							
	8	4	0	1	1	8	0	8	3	0	0		

FIND THE NUMBERS
Puzzle # 11

0	5	2		2	4	6	4						
3	8		0	2	7	8	3	7					
2	4	4		7	4	4	4	8	2				
4	2		9		3	3	8	3	3	0			
3	7		9	8		8	1	9	7	2	3		
8	8			1	1	3	0	0	5	4	4	0	
8	0	3			0	1	8	2	1	0	1	7	4
4	9		4	8		0	0	0		8	8	4	3	7
0	7			4	3	8	8	2	5		8	3	
8	8	7	4	3	1	7	1	8	8	0		4	
	2			0	2	1	0	1	0	3	2	4	3
						1	0		0	0		8	
	4	2	3	0	3	6	4	7	5	5		1	
4	6	0	7	7	7	4	2	4	0	7			
	8	2	4	1	1	4	7	5	4	4	4		

FIND THE NUMBERS
Puzzle # 12

	9		3									5	5
		7	7		3							4	0
		4	4		8				2		7	3	
			2	3		7			4	5	5	3	
9				4	7		4		3	0	4	4	
	8			1	0		1	8	2	2	7		
		0			4	9		9	8	9	0		
1	0	1	4	1	4	3	0	3	3	4	4	5	8	2
			1				4	7	8	4	0		
3	4	4	2	0	2	0	1	1		8	2	3	1
					8			7	8	4			
				9			8	4	1				
			2			2		8					
	5	0	9	8	4	3	9	5	4	7	4		1
		8	8	8	8	7	2	7	0	1	4	8	

Assorted Words #1 (Solution)

EPELPO	people
RUHTT	truth
BLA	lab
IRBRAYL	library
ELINCT	client
VNOE	oven
WANOM	woman
YRISTHO	history
TUGTHHO	thought
OCEITSY	society
IEMNTOO	emotion
ARYHCTI	charity
EDMOHT	method
SNO	son
RETOYP	poetry
MTPYNAE	payment
FEWI	wife
ALIUTYQ	quality
SSOSNEI	session
HCEKE	cheek

Assorted Words #2 (Solution)

CTAEHER	teacher
DA	ad
USOP	soup
USSECSC	success
ELDREA	dealer
AMDAR	drama
TMAH	math
NSGTITE	setting
INKG	king
MMO	mom
EMAT	meat
EFYATS	safety
REAA	area
GYHWAIH	highway
LIMTECA	climate
AELPP	apple
RARTPOI	airport
RAOESGT	storage
IGRTAU	guitar
ENMU	menu

Assorted Words #3 (Solution)

IADWGRN	drawing
EONUGT	tongue
AARECM	camera
ERTCOS	sector
RVSUI	virus
MLAE	meal
CNTOYU	county
DFOO	food
EGERYN	energy
ETAL	tale
OEMLUV	volume
EPIRCE	recipe
SOPU	soup
UELRFIA	failure
THGNI	thing
UYOTNC	county
ARE	ear
TCOEUMO	outcome
MDAEI	media
MSUCI	music

Assorted Words #4 (Solution)

TEGTINS	setting
ORLWD	world
BIALYIT	ability
NHITG	night
GHOUSIN	housing
YAMR	army
ATE	tea
AARMCE	camera
THEAERC	teacher
EIAGDRN	reading
NANOIT	nation
ATLASYN	analyst
UDITOS	studio
LALM	mall
IAPNO	piano
ALHL	hall
VEMIO	movie
UNME	menu
RNWEO	owner
NEINEG	engine

Assorted Words #5 (Solution)

NFINDIG	finding
LATE	tale
NEINRW	winner
EERLAD	dealer
SERNPO	person
EORDMEF	freedom
TAORC	actor
HWYGAIH	highway
IRVER	river
RAT	art
GELLVAI	village
EHRTA	heart
NEAYMPT	payment
TCALEMI	climate
OTICP	topic
IROTSYH	history
NUCORYT	country
MYOREM	memory
EDNRNI	dinner
CREPTHA	chapter

Assorted Words #6 (Solution)

VCIEED	device
POTOH	photo
ESSAMGE	message
ERMBME	member
EWSN	news
ITCY	city
AEKL	lake
LOER	role
AHTM	math
HHGTIE	height
HTUYO	youth
OISTCYE	society
IXTEANY	anxiety
PHTDE	depth
EKDS	desk
APRPE	paper
COOTRNL	control
GWHTOR	growth
IVRRALA	arrival
CCSSEUS	success

Assorted Words #7 (Solution)

BDIR	bird
DDA	dad
RIAAFF	affair
DOPRUCT	product
OVNE	oven
YRAM	army
PALEP	apple
EIGLAVL	village
UAYQTIL	quality
EVRIR	river
NEOHP	phone
SISREE	series
NTISEN	tennis
ILGHTF	flight
CLDHI	child
DA	ad
OTIEMNO	emotion
GNEE	gene
IDNMODA	diamond
ICOMNE	income

Assorted Words #8 (Solution)

HVCLEEI	vehicle
GTLEHN	length
LACEITM	climate
PEI	pie
OSINVRE	version
SPEATC	aspect
OSGN	song
NWNERI	winner
EGRACOU	courage
EUSNTTD	student
REOKWR	worker
FEEOFC	coffee
VEOID	video
ISTNOEN	tension
BNUSO	bonus
ISDK	disk
IBRD	bird
SAOSINP	passion
PTEACS	aspect
UTTRH	truth

Assorted Words #9 (Solution)

ATPOOT	potato
SSDIAEE	disease
CCRHUH	church
WOENR	owner
RTA	art
LTEHHA	health
FGHTIL	flight
VNEO	oven
AMLCEIT	climate
HBAT	bath
NEECS	scene
NELGTH	length
RRYGOEC	grocery
RIRPOTA	airport
EPDTH	depth
IWIRNGT	writing
EIDA	idea
EHKCE	cheek
NRIGSE	singer
SEBKTA	basket

Assorted Words #10 (Solution)

SEPEKRA	speaker
EOTHYR	theory
OEMP	poem
CALHLOO	alcohol
TARNUE	nature
REARFM	farmer
IGAHHYW	highway
TASHNK	thanks
IYTC	city
LDROW	world
ETINSN	tennis
SCMUI	music
OMM	mom
OISNUC	cousin
OIUTSD	studio
UQNEE	queen
EIRSES	series
GUNEOT	tongue
MNUE	menu
AFFIAR	affair

Assorted Words #11 (Solution)

CCPENOT	concept
MRNEAAG	manager
GIKN	king
IONUHSG	housing
DIRREV	driver
ELHWAT	wealth
ERAA	area
ATREILY	reality
HEPNO	phone
TEENV	event
RTA	art
NUEM	menu
ISVUR	virus
LFEURAI	failure
LCENU	uncle
ETHGLN	length
NNTEIS	tennis
PETYOR	poetry
ROWEP	power
HTCEERA	teacher

Assorted Words #12 (Solution)

SIAPNSO	passion
KDSE	desk
YAER	year
YCRNUOT	country
SINNETO	tension
YDLA	lady
AMTE	meat
HOTTO	tooth
DEHAT	death
RUTIAG	guitar
GHOWTR	growth
AFTSYE	safety
ADD	dad
THHLEA	health
APELP	apple
RIGL	girl
OMBEDRO	bedroom
GEAINRH	hearing
PAM	map
RAHTE	heart

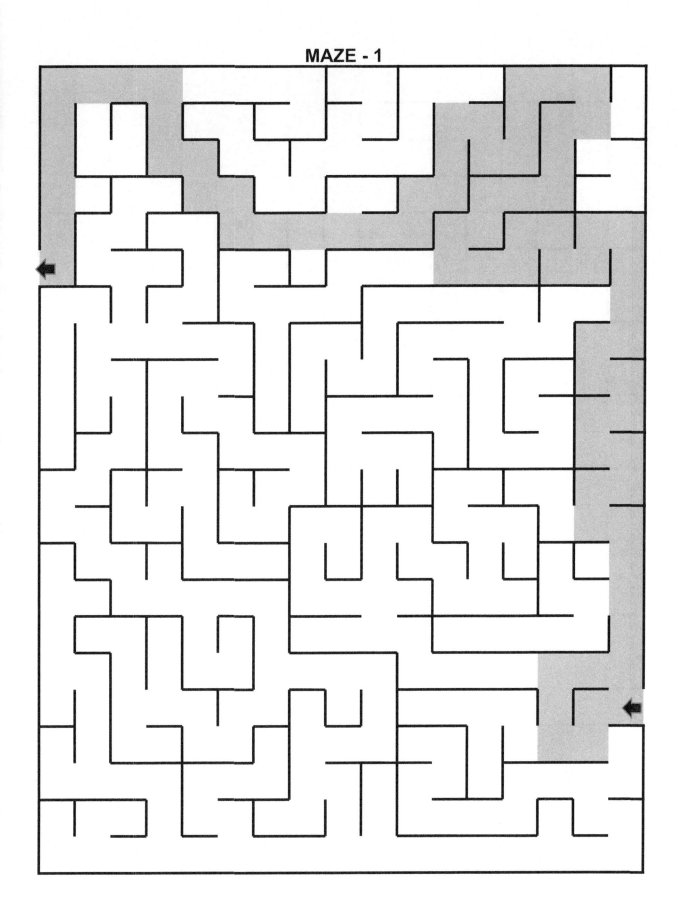

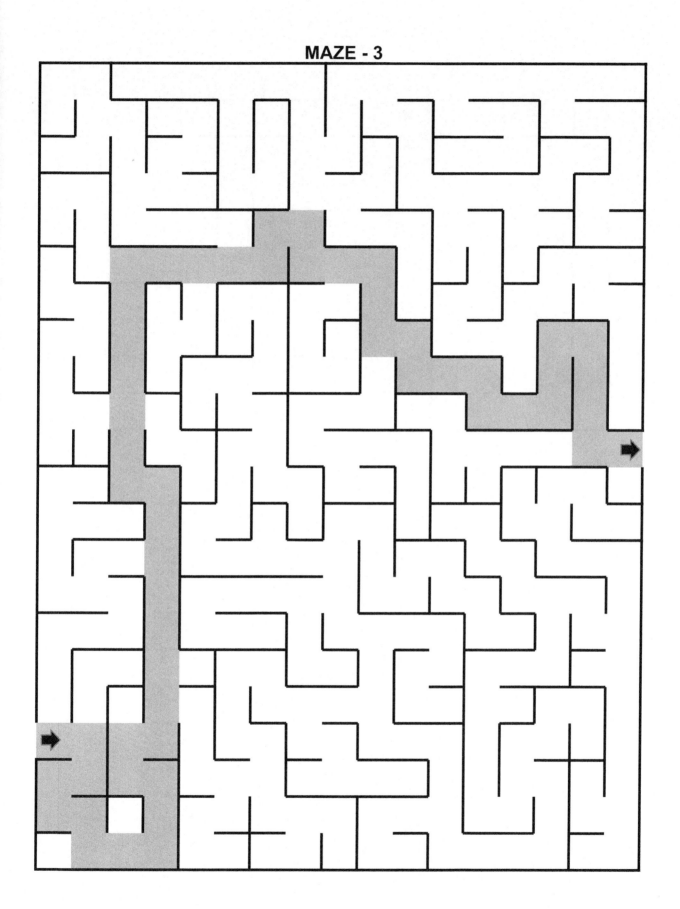

MAZE - 4

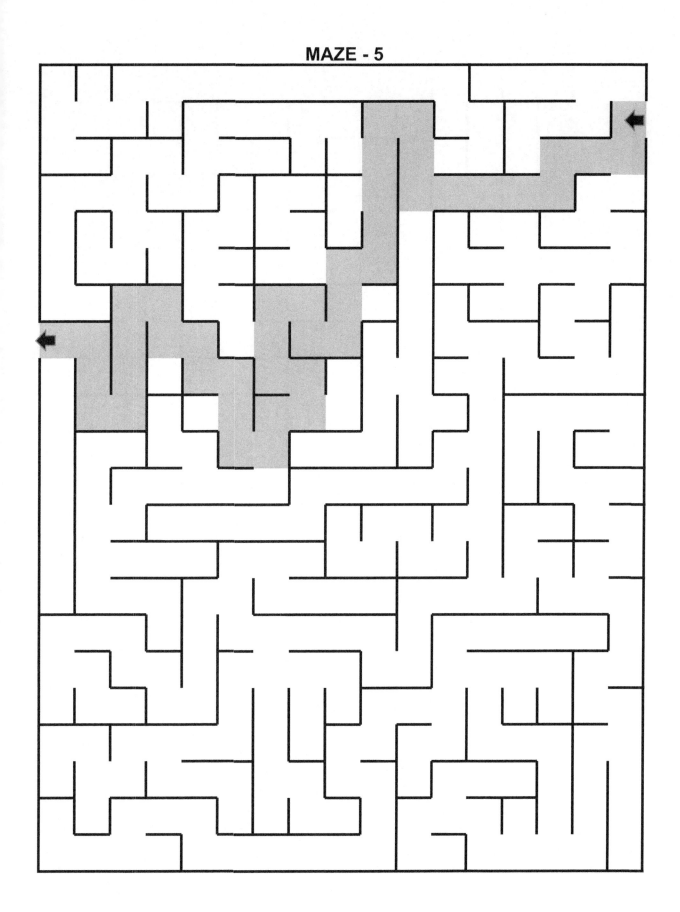

MAZE - 8

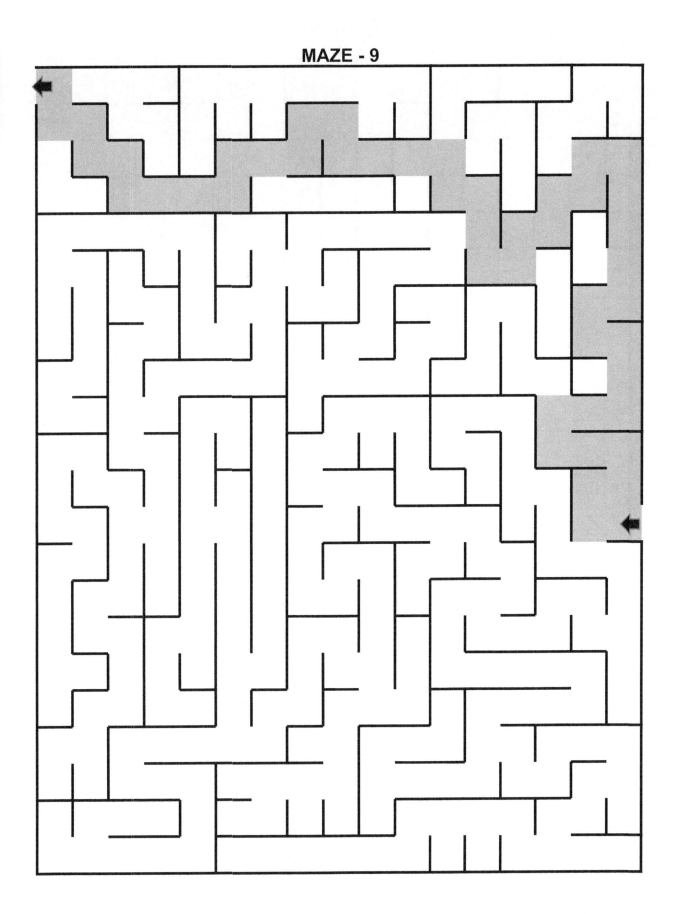

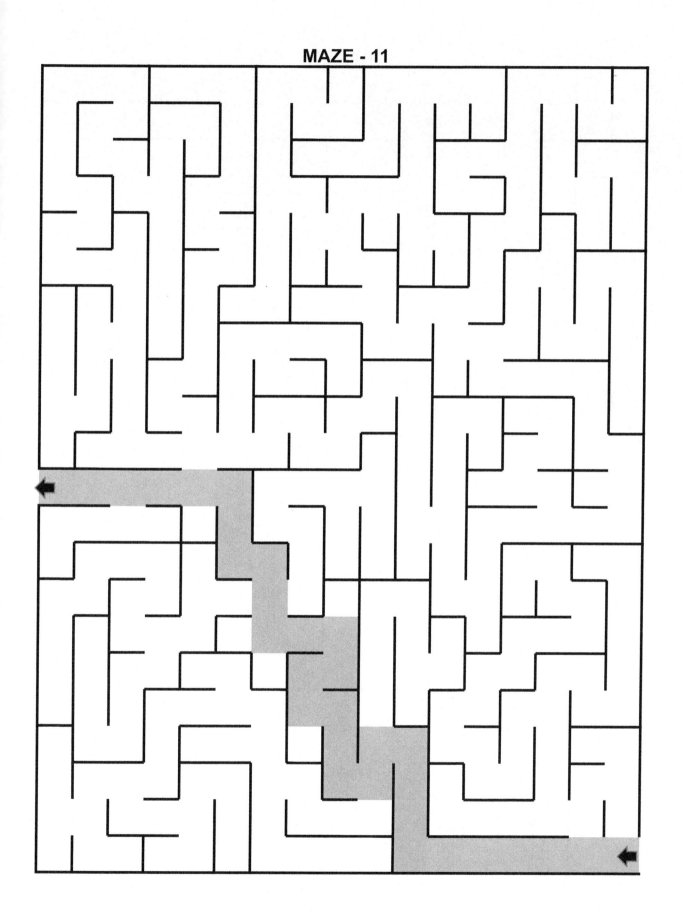

Printed in Great Britain
by Amazon

31625111R00077